The Success Rules of E-Commerce to
Exceed 100 Million

【小さな会社】

# ネット
# 通販
# 億超え
# のルール

西村公児
株式会社ルーチェ
代表取締役社長

すばる舎

# はじめに

本書では、社員数人～30人程度までの「小さな会社」でも実践できる、ネット通販ビジネスでの具体的な儲け方や、マーケティングの考え方を解説していきます。

本書を手にして頂いた読者に多いケースは、先行している何か別の事業があって、それにプラスすべき事業の2本目の柱として、ネット経由の通販ビジネスを開始したい……あるいは、すでに展開しているものの、うまくいっていないので改善する方法を知りたい、というケースでしょう。

そうした要望に応えるため、仮に、本書のゴールを「**1億円を超える売上を、ネット通販ビジネスだけで2年以内に獲得する。さらには、4年で年商10億円まで拡大する**」と設定して、そのための具体策を考えていきます。

まずは、あなたがこれから進めるネット通販ビジネスについて、マーケティングの全体像をどう設計すればよいのか、学ぶ必要があるでしょう。

マーケティングの全体像をうまく設計できれば、成功するネット通販ビジネスの「仕組み」は、ほとんどできたも同然だからです。

早速、次ページの図を見てください。

## ■ 億超え通販の全体設計図

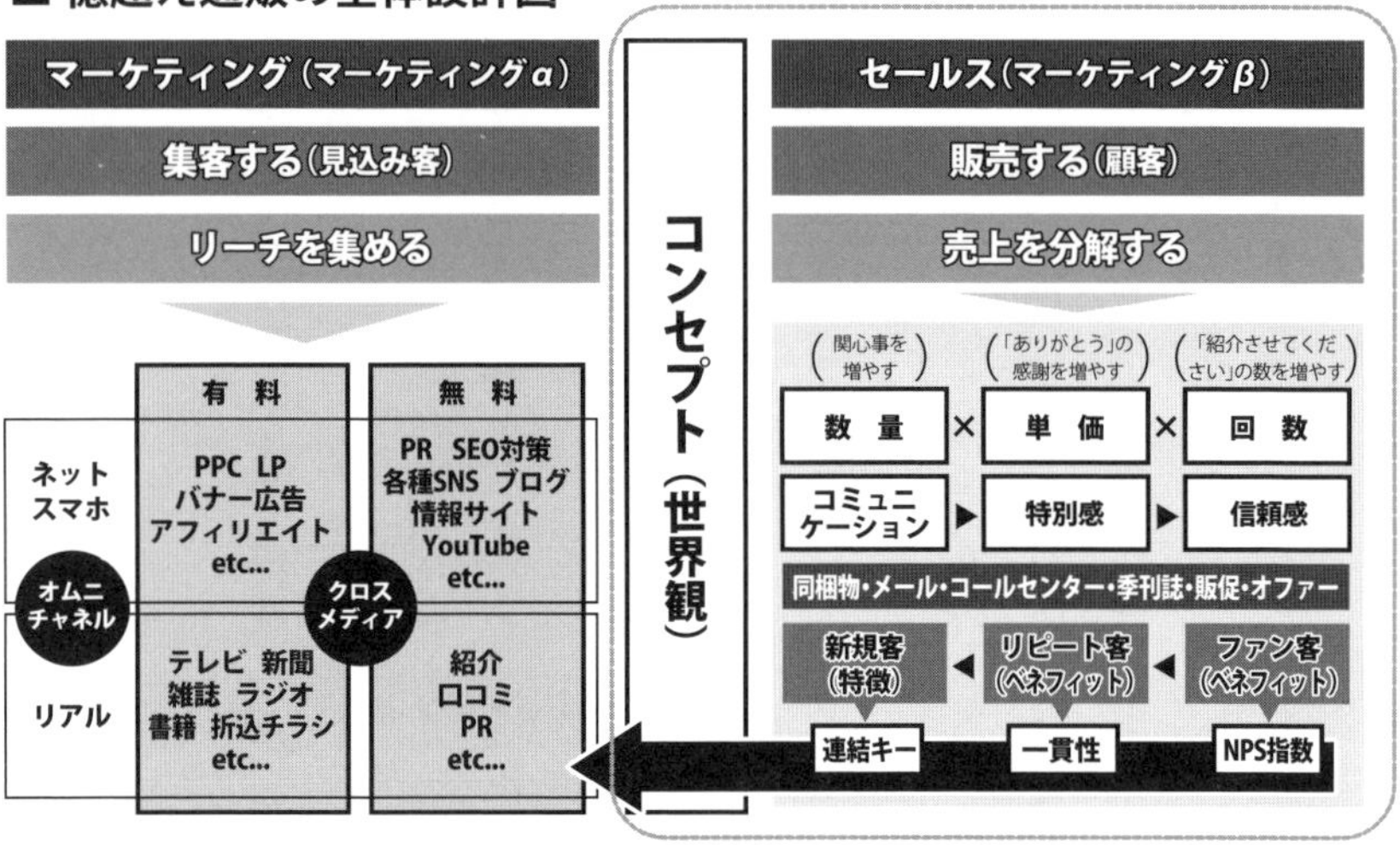


注：オムニチャネル……媒体（チャネル）を問わず、あらゆる経路で連携しながら見込み客への接触を図ること／クロスメディア……同一のコンテンツを、複数のメディアに展開すること／PPC……ペイ・パー・クリック広告／LP……ランディング・ページ／SEO……検索結果の上位に表示されるようにするための種々の取り組み／NPS 指数……お客さまの満足度を図る指数

これは、通販ビジネスを成功させるためのマーケティングの全体設計図です。

ここで質問です。

この図の左右のうち、ネット通販ビジネスを成功させるためにより重要となるのは、左側の「マーケティングα」の部分か、右側の「マーケティングβ」の部分か、どちらだと思いますか？

左側のマーケティングαは、直接的に集客に働きかける部分です。とにかく自社の販売サイトに見込み客を集めるため、ネットやリアルで有料の広告を出したり、無料の広報PRなどに精力を注ぎます。直感的には、こちらのほうがより大事だと感じる読者が、多いのではないでしょうか？

しかし、正解は逆です。

確かに、ネット通販ビジネスを進めていくうえでは、直接的に集客に働きかけるマーケティングαの手法やそのノウハウも、必要不可欠です。

しかし、実はそれよりもずっと大切なのが、図では「マーケティングβ」としている、「儲かる仕組み自体の設計」と、あなたの通販ビジネスや商品を貫く背骨となる「コンセプトや世界観づくり」です。いわば、**ネット通販ビジネスの土台**です。

こちらのほうを先にしっかり設計できていないと、いくらマーケティングαの手法で見込み客を集めても、なかなか実際の売上につながりません。

あくまでも、優先順位はマーケティングβなのです。

私は、通販ビジネス専門のコンサルタントとして、長年、さまざまな通販会社のビジネスモデルを分析してきました。その結果、年商1億円を突破している通販会社と、突破していない通販会社の大きな違いが、このマーケティングβの部分をしっかりとつくり込んでいるか否か、にあることに気づきました。

多くの失敗する経営者は、ネット通販ビジネスでは広告の量やその手法の違い、あるいはその広告に使うコピーなどが、売上を一番左右する要素だと思っています。

それは、やはり誰だって売上をすぐに上げたいので、ネットや、新聞などのリアル媒体で広告を打ったり、自社メディアをつくったりと、売上に直結するイメージのある「マーケティングα」の手法ばかりにフォーカスしてしまいがちだからです。

確かに、「マーケティングα」の手法だけでも、瞬間的には売上は上がります。

しかし往々にして、ある程度の年商で限界が来てしまいます。商材にもよりますが、数千万円程度の年商で頭打ちしてしまい、なかなか1億円の壁を突破することができない、というケースが圧倒的です。

このハードルを越えるために効いてくるのが、しっかりとつくり込んだマーケティングβなのです。

本書では、このマーケティングβの部分を、たとえ通販経験がゼロの読者でも設計できるように、細かく解説していきます。

そのうえで、読者独自の世界観やコンセプトをさらに掘り下げて、あなたのネット通販ビジネスのブランディングについても、自然と実現できるように工夫してあります。

具体的には、次の①〜⑥のような手順で設計していきます。

① 3つの数値を理解する
② 売れるネット通販の裏にあるUVPを理解する
③ 「9マス自分史の箱」を使って、自分を内観する
④ 「脳内SEO」に残る4段構成のストーリーを理解し、創作する
⑤ 「ギフト」をキャッチフレーズ化する
⑥ 儲かる商品企画を行い（バックエンド作成）、ファネル（漏斗構造）を構築する

※個々の専門用語は後ほど詳しく解説するので、ここでは全体の流れだけ把握して頂ければ結構です。

私が通販ビジネスに携わって、もう20年以上になります。

年商が1億円に届かない会社、1億円を突破する会社、10億円以上の売上を達成する会社……多くの通販ビジネスの事例を見てきました。

同時に、多くのクライアント企業の通販ビジネスの売上を、1億円以上に押し上げるプロデュース（「**億超え通販**」）や、コンサルティングを成功させてもきました。

これは、その経験を元につくり上げた設計図です。

私の本業では、本書で解説するノウハウを「**ダイレクト通販マーケティング理論**」としてまとめ、主宰する「**通販実践道場**」などで実際に多くのクライアントに教えていますが、顧客の多くが年商1億円超えのネット通販ビジネスの立ち上げに成功しています。

読者のみなさんも、本書の内容に本気で取り組んで頂ければ、必ずや、売上1億円以上のネット通販ビジネスを立ち上げる、あるいは、現在のビジネスを改善できることと確信しています。本書の内容を、ぜひみなさんのビジネスにも役立ててください。

## 【小さな会社】ネット通販　億超えのルール

*Contents*

*Contents*

## 第2章 「9マス自分史の箱」を使ってあなたの会社のUVPをつくる！
## ～眠れる価値を再発見する～

Contents

## 第4章　1か月目に実施する「仕組みづくり」に役立つ法則18

*Contents*

## 第5章　2か月目に実施する「商品企画」に役立つ法則18

Contents

# 第1章

# 20兆円市場で、ゼロから年商10億円を確定させるスキマを探せ！

## ～儲かる仕組みの土台をつくる～

# 01 まずは3つの数値を理解し、一気に成功確率を引き上げる

## 商品を先につくってはならない！

「すごい商品ができました！　これ、絶対に売れると思う！　どうすれば、より多くの人にこの商品を知ってもらえるでしょう？」

通販会社専門のコンサルティングをしている私のところには、こうした相談が少なからず寄せられます。読者のみなさんの中にも、同じように考えている方は多いでしょう。

しかし、よい商品なら本当に売れるのでしょうか？

誤解を恐れずに申し上げますと、残念ながら、先に思い入れのある商品をつくっても、売上は思うように伴っていかないでしょう。ましてや、億超えの事業などまずできない、というのが厳しい現実です。

では、どうしたらよいのか？　あなたの常識を覆すお話をさせて頂きたいと思います。

「よい商品をつくることが売上に直結しない」ことの背景には、「**3つの数値を押さえた全体設計図**

**を知らない**」という事実があります。
3つの数値とは何か？　説明する前に、こんな常識チェックをどうぞ。次の4つのうち、正しいと思うものを選んでください。

1. 通販で億超えするためには、何はともあれ「**集客**」が重要だ
2. 通販で億超えするためには、何はともあれ「**売れる商品**」が必要だ
3. 通販で億超えするためには、何はともあれ「**定期購入**」を導入する必要がある
4. 通販で億超えするためには、何はともあれ「**顧客リスト**」が大量に必要だ

どれが正しい答えだと思われましたか？

集客も売れる商品も、定期購入も顧客リストも、いずれも通販ビジネスでは大切な要素です。そのため、ある意味ではどれも正解と言えます。

実際、大手の通販企業（私の定義では、売上100億円超えの会社）では、これらのことを当たり前に行っています。そのため、これらの要素に最優先に注力するのが、通販ビジネスを成功させるための「常識」だと思われがちです。

しかし、この4つの要素は、小さな会社が億超えのネット通販ビジネスを実現しようとする際には、必ずしも最優先で考慮すべきものではありません。すでに「はじめに」でも少し触れたように、もっと先に考慮すべきものがあるのです。

それができていないうちにこれらの要素に注力しても、なかなか結果は出てきません。

大手通販会社がこうした手法をとって、計算どおりに売上を上げている（ように見える）のは、3つの数値によって「**科学的な全体像**」を把握しているためです。1％の100億円超え企業は知っているけれども、99％の他の通販会社が知らない「3つの指標」があるのです。

これを知らないために、ほとんどの会社は「えい、やぁっ」と思い入れだけで商品をつくり出し、当たるも八卦、当たらぬも八卦で売り出して、宣伝などに資金を投下します。

結果、悪くするとまったく売れずに在庫の山を築くことになりますし、たとえそれなりに売れても、売上3000万～7000万円くらいで停滞してしまう、ということになるのです。

## 科学的な3つの数字で、成功確率を飛躍的に上げる

大手通販企業が使っている3つの指標とは、具体的には次の3つです。

1. **「売れる通販指数」**
2. **MR**（Media Ration／メディア・レーション）**指数**
3. **年間リピート率**

細かい説明はあとにして、本書でゴールとしている「2年で年商1億超え、4年で10億超え」のネット通販ビジネスを達成しようという場合の、各指標の目標値を先に紹介しましょう。

**1．「売れる通販指数」：２０００以上**
**2．ＭＲ指数　：０・８以上**
**3．年間リピート率　：60％以上**

私は過去、ある大手通販企業に在籍していたことがありますが、その会社でも実際にこの３つの指標を使っていました。また、他の大手企業でも、細部は違っても同様の数値を使っているようです。

この３つの数字を知らず、全体設計図なしに商品を売り出してしまうと、前述のようになかなか利益が上がらず、ある程度までいったら停滞してしまうか、楽天市場やアマゾンといったネット上のモール系の通販市場のブランドに依存して、売れているのに利益が残らない、という事態に陥りやすくなります。

## モール経由のお客さまは、お得意さまにはなりにくい！

ちなみに、ネット上のモール系の通販市場で商品を売った場合には、往々にしてお客さまには、そのモール系市場の印象しか残りません。つまり「楽天市場で買った」「アマゾンで買った」という記憶はあっても、個々の販売元企業の印象は薄く、自社のお得意さまにはなってもらえないことが多いのです。

そのため、自社のブランディングがなかなかできないことに加え、モール本体が行うポイントキャンペーンなどによって、不本意な値引きを強いられることも多くあります。

儲かるネット通販ビジネスを実現したいのなら、**あくまでも自社サイトを主体とし、ネット上のモール系通販市場のブランドに依存しないビジネスモデルをつくる必要がある**のです。

## 02 「売れる通販指数」に注目すれば、確実に売れるコンセプトが事前にわかる

まず、「売れる通販指数」から見ていきましょう。この指標は、以下の公式によって算出します。

**売れる通販指数 ＝ ある商品の売上**（円）**× 購入者数**（人）**÷ クロージングをかけた数**（人）

この数値が、２０００を超えればいいわけです。

特定の商品について、クロージングをかけたお客さまがどれくらいの割合でどれくらいの額を買ってくれるか、について数値化した指標であり、ひとことで言えば、**「その商品・コンセプトが確実に売れるかどうか」を見ることができます**。

私が在籍していた大手通販会社は総合通販の会社だったので、扱う商品はアパレルから、（ほとんどリピートを考えられない）家具などまで多岐にわたっていました。そのさまざまな商材について、すべてをデータベース化していくと、公式から算出された「売れる通販指数」が２０００を超えるかどうかによって、その商品のその後の展望が大きく変わってくることがわかったのです。

このように、「売れる通販指数」はすでにある商品についても算出することができますが、読者のみなさんにとってより重要になるのは、**実際に商品を売り出す前のコンセプト設計の段階でも、この指数は算出できる**という点です。

## 「脳内ＳＥＯ」でヒットするコンセプトを探せ

たとえば、ネット通販で販売するための新しい商品を開発しようとする際、ちょっとした謝礼を用意して、自社の既存のお得意さま数十人に集まってもらい、事前調査に協力してもらいます。

そして、計画中の商品に関するいくつかのコンセプトと価格だけを説明し、その商品を実際にネット通販で買うと思うか（評価するか）、本当に買うか、といった質問に答えてもらいます。

反応がよい場合にはそのままクロージングをかけて、（予約）販売までしてしまいます（希望があれば、その場で販売もする旨をあらかじめお客さまに伝えておきましょう)。

もし事業を立ち上げる前で、まだ既存のお得意さまがいないのであれば、想定している買い手の属性に近い知人などに頼んでもいいですし、対面で集まってもらうのが難しければ、郵送やネット経由の調査でもいいと思います(対面での聞き取り調査のほうが望ましいのですが)。

この事前調査の際のポイントは、**説明するのはコンセプトや価格だけで、まだ実際の商品そのもの(やその画像)を見せてはいけない**、ということ。

お客さまの頭の中で、コンセプトの説明だけからイメージをしてもらうこと、それができることが重要です。そうしたイメージ形成がスムーズにできるコンセプトを探すのです。

これを、私は「**脳内SEO**」と呼んでいます。

恐らくはご存じでしょうが、SEO(Search Engine Optimization/検索エンジン最適化)とは、ネット上で検索されたときに、検索エンジンの検索結果の画面で上位に表示されるようにするための種々の対策のこと。それと同じように、多くのお客さまが脳内で無意識に検索しているニーズやウォンツに対して、ぴたりと合致して脳内検索結果の上位に表示される商品になるように、あらかじめ商品のコンセプトを調整するのです。

脳内SEOの時点でピンと来たら、そのコンセプトでつくった商品は、間違いなく売れる、というわけです。

## ■事例　どうすれば、普通のウクレレをネット通販で売れる商品にできるか？

具体的な事例を紹介しましょう。楽器の販売を行う会社で、近年、愛好家が増えているウクレレをネット通販で売り出そうとしました。

このとき、ウクレレをそのまま売るのでは、何の計画も勝算もありません。**なんらかのコンセプトを設計する必要があります**。

たとえば、○○のニーズやウォンツに応えるウクレレ、というように、仮の商品コンセプトをいくつかつくり、まずはその中から有力なものに絞り込む作業を行います（このコンセプトは、販売会社の価値観を反映させたものでなければならないのですが、それについては後ほど解説します）。合わせて、価格についても何パターンか設定しておくとよいでしょう。

そのうえで、事前の聞き取り調査を実施し、お客さまの脳内ＳＥＯにヒットする、つまりお客さまの反応がよいコンセプトを探します。この場合、反応がよかったのは「楽しい認知症予防の手段・教材としてのウクレレ」というものでした。

価格は５０００円で、コンセプトを「いいね」と評価してくれたのが10人、その全員にクロージングをかけて実際に４人がその場で買ってくれた、とすれば、前述の公式に当てはめ、

**売上５０００円×購入者数４人÷クロージングをかけた数10人＝売れる通販指数２０００**

となります。これなら、売れる通販指数が２０００を超えていますので、十分に勝算が持てる商品コンセプトとなるでしょう。

## ■事例　１００円ショップでも売っている葉酸サプリをどう売るか？

もう１つ事例を出しましょう。

１００円ショップでは、文字どおり１００円で売っている葉酸のサプリと、基本的には同じものを売り出そうと考えたクライアントがいらっしゃいました。サプリメントそのものの成分は、質の良し悪しには違いがあるものの、含まれている物質の化学式は基本的にどの商品でも同じです。

同種の商品を、大手のＤＨＣなどでは３００〜４００円で販売しています。しかし、小さな通販会社がそれと同じ値段で売ったら、利益が出るわけがありません。

ならば、どうすればいいのか？　ここでも、**しっかりとつくり込んだ商品のコンセプトが高単価を正当化します**。

いくつかのコンセプトのアイデアを事前に対面調査したところ、「妊活サプリとしての葉酸」というコンセプトであれば、お客さまのニーズにピタリと合致することがわかりました。

葉酸と言えば、妊娠したときに医師から摂取を勧められるものですが、現在は晩婚化に伴い妊活に真剣に取り組む夫婦が増え、そうした人たちは、実際の妊娠をする前から、体内環境の準備として葉酸などのサプリをよく飲んでいる、という背景があったのです。

実際に「妊活サプリ」というコンセプトで、６０００〜７０００円の商品単価で販売することになりましたが、この商品は対面調査の段階でクロージングにまで到達した人数も、その後に実際に購入した人数も圧倒的で、商品企画の時点で「売れる通販指数」が２０００を軽く超えていました。
その後、発売当初から売上は好調で、すぐに月商１億円以上の売上を達成するヒット商品になりました。

このように、「売れる通販指数」は、商品企画の段階で大いに活用できます。資金力がなく失敗ができない小さな会社が、ネット通販ビジネスで確実に儲かる商品開発をするのに、欠かすことができないものだと言えるでしょう。

03

# ＭＲ０・８以上を維持し売上１億円への道を確実にする！

## １００％回収できなくてもよい

さて、それでは次のステップへ移りましょう。ＭＲ指数（以下、単にＭＲ）を考えてみます。

ＭＲとは「メディア・レーション」の略語です。次の公式で求められ、**広告にかかった費用を、その広告によって生じた受注売上でどれくらい回収できたか**を示す数値です。

**ＭＲ＝受注売上÷広告費**

たとえば、広告費10万円をかけてＰＰＣ広告（ペイ・パー・クリック広告：自社サイトへのリンクが実際にクリックされた回数に応じて、費用が発生するネット広告）を展開したところ、受注売上が８万円になった場合なら、ＭＲは次のようになります。

**受注売上８万円÷広告費10万円＝ＭＲ０・８**

この**ＭＲは、一般に０・８を超えると、大きなビジネスを展開できる、また、売れるだけではなくお客さまがリピートする、**と言われています。

回収率が０・８なので、必ずしも広告費のすべてをすぐに回収できているわけではないのですが、その後のリピート販売などにもつながるため、ＭＲが０・８あればまずは上出来、ということになっています。

そのため、ＭＲが０・８を下回ってきたら（10万円の広告費を使っても、８万円以下の受注売上にしかならなくなってきたら）、要注意です。なんらかの手を打って、商品寿命の延命をさせることが必要になります。

そしてさらに、このＭＲが０・４を下回ってしまったら（10万円の広告費を使っても４万円以下の受注売上しかなかったときには）、商品コンセプトを大きく見直す必要が出てきます。

商品コンセプトについては先程も少し触れましたが、ひとことで言えば「どうすごいのか？」です。事前調査を行っての「脳内ＳＥＯ」の取り組みを再度行い、お客さまの頭の中で、すぐにイメージが湧いて実売につながるようなコンセプトを再発見します。

それに従い、商品の販売方法などにテコ入れをして、低下したＭＲをもう一度０・８以上へと引き上げるよう努めるのです。

## なぜ、ＭＲは下がってくるのか？

そもそもＭＲの数値が下がってくるのは、**見込み客の脳内で、あなたの会社の商品が他社の商品との違いがない状態になってしまっているから**です。

商品の区別がつかず、大きな差異を認められないと、見込み客がたとえ広告を見て反応したとしても、似たようなより安い商品とか、より信頼できる（できそうな）大手企業の商品などに流れてしまいます。ネット通販では、検索機能によりすぐに商品比較をできるので、「違い」が曖昧になるのは致命的なのです。

しかも、あなたの会社の商品がヒットしていればいるほど、他社もそれに合わせた売り方をしてくるので、たとえ初期のコンセプトが大成功していても、時間の経過とともにMRが下がってくることがよくあります。

**自社商品へのテコ入れやリニューアルをしなければならないタイミングを計るためにも、MRの数値には、常に注目しておく必要がある**のです。

## 最初はLPのテコ入れから

では、MRが下がったとき、具体的にはどうすればいいのか？

MRが0・8を下回り、0・6前後になってきたら、まずはランディング・ページ（Landing Page：リンク先からお客さまが飛んでくる自社の商品販売サイト／以下、LPと表記）のトップ、つまりページの最上部で、ブラウザでLPを開いたときに最初に目に入ってくる部分を微修正します。具体的には、**LPトップのキャッチコピー、ターゲットコピー、吹き出しの3つを変更**しましょう。

さらに、MRが低下してくるまでのあいだに、商品に関するお客さまの声が集まっているはずですから、それらの**お客さまの声をLPに追加掲載する**ようにしてください。

逆に、この段階ではその部分以外は大きく変更してはいけません。LPのこうした細かいチューニングが、MR0・8を回復させるのに役立ちます。

またこの段階では、できれば「**ヒートマップ**」というウェブサイトの分析ツールを使用して、LP

**【キャッチコピー】**

もっとも目立つ宣伝文句、いわゆるメインコピーです。
さまざまなノウハウが提唱されていますから、しっかりと勉強して作成する必要があります。キャッチコピー次第で売上が大きく左右されます。

**【吹き出し】**

必ず人物の写真を入れ、吹き出しをつけて、そこにお客さまからの実際の声や意見を掲載すると効果的です。

**【ターゲットコピー】**

「○○○にお悩みではありませんか？」、「▼▼▼に困っている方必見！」など、お客さま自身の悩みや不安、痛みをストレートにイメージさせる部分のコピーです。

スタッフの
85.2％が
効果改善を実感!!
最初は半信半疑でしたが、使ってみてビックリしました！
★★★
手荒れや、
オイル・クリームの
残り香にお悩みでは
ありませんか？

での実際のお客さまの行動を分析してください。

テレビの健康番組などで、身体の表面温度を色の違いで表現できるカメラを見たことがあると思います。あれと同じように、ＬＰでのお客さまのマウスの動きを分析し、矢印マークがよく集まっている箇所や、そうではない箇所を色分けしてくれるツールがヒートマップです。矢印マークの動きはお客さまの視点の動きと連動しているケースが多いので、お客さまがＬＰのどの部分をよく読んでいるかが可視化でき、大変役立ちます。

このヒートマップで、ＬＰのトップ（冒頭部分）に置いている各要素が、80％以上の確率で読まれている状態を維持できれば、ＭＲの数値も回復し、０・８以上を維持できるケースが多いようです。

なお、ヒートマップについてはネットで検索をすれば、無料のものから有料サービスまで、さまざまな分析ツールがすぐに見つかるはずです。

## それでもダメなら商品コンセプトのリニューアル

ＬＰのチューニングをしてもＭＲが低下し続け、０・４を下回ってしまったら、前述のように商品コンセプトのリニューアルを行います。

コンセプトのつくり方については、第２〜４章でも詳述しますのでここではあまり触れませんが、**経営者の価値観や世界観を商品やサービスに投影する形で商品だけでコンセプトを作成しようとせず、**というのがコツです。こういうつくり込み方をしたほうが、商品のコンセプトにエッジが利いてくるからです。

また、そうした**コンセプトをストーリー（物語）の形で打ち出していく**のも、売上に直結する重要なポイントでしょう（こちらについても、詳しくは後述します）。

新しいコンセプトができたら、再び事前の対面調査をして、「売れる通販指数」を算出し、勝算があるかどうか、つまり、売れる通販指数が２０００以上あるかどうかを確認します。

基準をクリアできたら、商品やＬＰの大規模リニューアルを行えばいいわけです。

こうした手法で、ＭＲを常に０・８以上に維持することによって、売上１億円突破への道が、必ず拓けてくるでしょう。

# 04 「年間のリピート率60％以上」で年商10億円を現実にする！

## 初回購入者の87％のリピートで、年間60％が達成できる

３つ目の数値は「年間リピート率60％」です。

ネット通販ビジネスの場合、お客さまが自社のサイトをどれだけ利用してくれるかの頻度、つまりリピート率が非常に重要な要素となります。そもそも**通販というビジネスモデルは、リピート率を上げることによって利益をつくっていきます**から、リピートしない商品やビジネスは、長く生き残ることができないのです。

ちなみに、物販ビジネスの場合には、あまりリピート率には注目しません。むしろ仕入価格と販売

価格の差をどれだけとれるかに注力することが多いため、たとえ売上額が同じでも、中身は全然違うビジネスモデルだと言えます。

さて、私自身の経験も含めて、さまざまな大手通販企業での現場の話を収集すると、大手の通販企業ではどこも、年間リピート率の目標数字として60％前後を設定しているようです。

**小さな会社のネット通販ビジネスでも、このリピート率の数字については大手通販企業と同じレベルをめざしましょう**。常に数値を把握し、しっかりと60％以上を維持できるように個々のお客さまへ働きかけていくことです。

なお、この年間リピート率60％を達成するには、**初回購入者のうち87％が2回目の購入をすれば（つまり、初回のリピート率87％）、年間の数値も60％以上になる可能性が高い**、とされています。こちらの数字も、意識しておいてください。

## 中小企業なら1年スパンで計算すれば十分？

「1年なんて、計測すべき期間として長すぎる」と感じる方もいるでしょうが、大手通販企業の場合は、実は2年間というスパンで損益を考えています。

こうした大手通販企業は、長い歴史を持っているので昔ながらの紙媒体スタートが多く、まず新聞やカタログなどから始めて、反応を見ながらネットへと販路を拡げていきます。そのため、それくらいの期間がいるのです。

その間、「売れる通販指数」やMR、平均リピート率などの推移をチェックしながら、切る商品は切り、力を入れるべき商品にはさらに広告費を投下する、といったオペレーションをしています。

それを考えれば、小回りが利き、高コストな紙媒体も持っていない小さな会社の場合なら、**1年スパンぐらいでリピート率を見ていくのでちょうどよい**のではないでしょうか。もちろん、もっと短い期間で見てもいいのですが、経験的には、年間の数字を見ておけば十分だろう、というのが実感です。

ちょっと難しい言い方をすれば、小さな会社の場合には、1年以内に損益を合わせてきっちり利益を出す、顧客ごとのLTV（Life Time Value：ライフタイムバリュー：顧客生涯価値）を設計する必要がある、ということになります。

1人の顧客が、いくらの商品を何度リピート購入しているかをしっかり把握し、それぞれの顧客にかけるコストも計算・計画したうえで、1年間という期間内で、きちんと利益が出せる仕組みをつくろう、ということです。

## まずは3つの数字で、成功確率を引き上げる

このように、大手通販企業だけが知っていた3つの基準を、小さな会社のネット通販ビジネスでも意識することで、加速度的に売上を上げ、さらにそれを維持できる科学的な全体像の「土台」をつくれます。これらを意識するだけでも、ただの思い込みによる商品投入や、的はずれなリニューアルを

なくすことができ、**あなたのネット通販ビジネスが成功する確率は格段に上がる**はずです。

結果として、2年で1億円超え、4年で10億円超えのネット通販ビジネスを実現するのも、決して夢物語ではなくなるでしょう！

# 05 10年に一度のビッグウェーブを見逃すな！

## 「負け犬マインド」はゴミ箱へ

小さな通販会社も意識すべき「3つの数字」について説明してきましたが、「なかなか儲からないいまの世の中で、どうやったらそんな驚異的な数値を叩き出せるのか？　できるわけがないじゃないか！（それができたら苦労しないよ）」と思われる読者も多いかもしれません。

私のところに相談に来られる方々も、最初は「西村さん、リピート率60％まで頑張れって言うけど、うちは現状、せいぜい20～30％ですよ？　一体どうしたらよいのですか？」などとおっしゃる方が圧倒的です。

ご安心ください。3つの数字を達成するための打ち手も、これからしっかり解説していきます。

ただその前に、みなさんの意欲やアニマルスピリットを引き出して、「できるわけがないじゃないか！」と、**戦う前から負けてしまっているマインドを改善**できる話をしておきたいと思います。

実は、みなさんが次なる戦場として選んだネット通販ビジネスの世界には、いま、10年に一度とも言われる大きなチャンスが来ている！　というお話です。

## 通販ビジネスは今後数年で6兆円以上も拡大する

そもそも、ネット通販に限らない通販業界全体は、少子高齢化による需要減少に悩むこの国で、**売上規模が右肩上がりに伸びている**数少ない業種の1つです。

高齢化や女性の社会進出などにより、実店舗へ買い物へ行くことが困難な家庭が増え、リアル店舗から通販への消費の移行が進んでいます。また、地方の疲弊に伴って、小規模なリアル店舗が業種を問わずどんどん閉店していき、地方の消費者の多くがより通販ビジネスへの依存を深めるなど、さまざまな要因がその背景にあると言われています。みなさんも、以前よりもネットで買い物をするシーンが増えてきたと感じるのではないでしょうか？

しかも、それだけではありません。本書が刊行される2017年から向こう数年間は、通販ビジネスに巨大なチャンス、売上拡大の波が生まれる時期だとされているのです。

現在の日本の通販業界全体の売上規模は13・7兆円程度。それが、**これから向こう4～5年間のあいだに、なんと20兆円まで拡大する**と野村総研などが予測しています。単純計算で、売上規模がおよそ1・5倍、新たに6・3兆円もの市場が生まれる、という話です。

この急激な拡大は、IT（情報技術）の進歩がもたらすもの。ITのさらなる発展が、ネットを使ったマーケティングノウハウの進歩と相まって、これから、通販ビジネス全体を急拡大させていくのです。

拡大する業種と縮小する業種、どちらで商売をするのが望ましいか、言うまでもないですよね？

みなさんは、その急拡大する市場の中で、**10年に一度の成長の波に押されながら、自社の通販ビジネスを拡大させられるスキマを見つければいいだけ**なのです。

これから生み出される6・3兆円もの市場の中では、2年後に1億円超の売上、4年後に10億円超の売上と言っても、むしろつつましいものだと思えてこないでしょうか？

## 4年で10億円超なんて、むしろ「つつましいゴール」だ！

もちろん、漫然とネット通販ビジネスに参入しても、うまく利益を上げることはできません。また、どんな投資をするにしても、手元の資金をそれほど多くは用意できない、という方も多いでしょう。

そうしたハードルをクリアしていく方法は、本書でじっくりと解説していきます。

しかし、こうした通販ビジネス成長の大きな波を理解できれば、たった2ページ前には「できるわけがないじゃないか！」と思っていた方でも、そのチャンスの中で正しい工夫を繰り返していけば、2年後に1億円超の売上、4年後に10億円超の売上というゴールも、十分達成可能なものに思えてくるはずです。

ネット通販に限らず、**すべてのビジネスに最低限必要なのは、「必ず実現する！　しっかり儲けてやる！」という強い意思、アニマルスピリット**です。

その意志を固められた読者の方は、引き続き、本書をしっかり精読してほしいと願います。

## 06 通販業界の全体像を把握し自社に合った「スキマ」を見つけよう！

それでは、あなたの会社のネット通販ビジネスに合致したスキマは、どのようにして見つければいいのでしょうか？　まずは大きな全体像から、1つずつ分解していき、どこにスキマがあるのかを探し出していきましょう。

## 通販ビジネスのモデルは大きく2つ

通販のビジネスモデルは、大きく分けると企業が行う「**大手通販**」と、「**それ以外**」、つまりせどり、転売、輸入などの個人副業ビジネスに分けられます。

そして、企業が行う「大手通販」も、以下の2種類に大別されます。

①　**単品リピート通販**：お試し商品から、定期購入へと引き上げていくビジネスモデル。自社商品の場合が多い

②　**総合通販**：単品リピート通販型の商品もありますが、それ以外の商品も幅広く取り揃え、単品の商品にこだわらずに、総合的に個々のお客さまからの売上を引き上げていくビジネスモデル。販売サイトはカテゴリーやジャンルに分類されていて、シーズンごとの特売品なども設定していく

## 総合通販モデルでは「3つの壁」を意識しなくていい

このうち、大手通販企業が採用していることが多い「総合通販」のビジネスモデルでは、販売する

のは多くの場合、すでに知名度がある仕入れ販売の他社商品です。

お客さまのほうから、特定の商品を検索してサイトにやってきてくれますから、特殊な販売テクニックは必要ありません。ひたすら、使いやすく、お得感のある販売サイトをつくり込んだり、SEOで検索結果の上位に表示されるよう努めたりすることが求められます。

一般に、マーケティングではお客さまが実際の購入に至るまでに、**3つの壁が存在する**と言われます。「見ない」「信じない」「行動しない」という3つの壁です。

・見ない　↓　わざわざLP（販売サイト）を開いて見てくれない
・信じない　↓　セールスコピーをなかなか信じてくれない
・行動しない　↓　多少ほしいと思っても、実際の購入になかなか移ってくれない

しかし、お客さまのほうから商品を探してLPにやってきてくれた場合には、最初からこの3つの壁を飛び越えています。たとえばポカリスエットをほしいと思って販売サイトに飛んできたお客さまの場合なら、次のようになります。

・見ない　↓　そもそも向こうから、販売サイトを検索して飛んできている
・信じない　↓　ポカリスエットがほしいと考えている時点で、商品を信頼しているためセールスコピーも信じてくれる

・行動しない　↓　「ポカリスエットがほしい」とすでに思っているため、ためらいなく購入する

このように3つの壁を突破しやすく、購入につながりやすいのです。

## 単品リピート通販モデルはいろいろなノウハウが必要

一方で、「単品リピート通販」のビジネスモデルを採用するのは、多くの場合、中小企業やベンチャー企業などの「小さな会社」です。販売する商品も、知名度がまったくない自社のブランド製品である場合が一般的です。

そのため、先程紹介した**「3つの壁」を突破するためのテクニックが必要になります**。

たとえば葉酸サプリがほしいというお客さまがいたとしましょう。まず、葉酸サプリと言ってもいろいろあります。大手の会社から小さな会社までさまざまな商品を販売していますから、そう簡単には自社商品のLPを見てもらうことはできません（見ない壁）。

また、たとえ自社の商品のLPを見てもらえたとしても、知名度がありませんからなかなかセールスコピーを信じてもらえません（信じない壁）。

結果として、なかなか購入ボタンをクリックする、という行動を起こしてもらえません（行動しない壁）。

こうした3つの壁を突破して自社の商品を購入してもらうためには、購入する顧客層がどのような

商品を求めているのか調査・分析を行い、顧客層の絞り込みを行ったうえで、**購入してくれる顧客像のつくり込み**などを徹底的に行う必要があります。

さらに、**その顧客像に対して、商品の価値を誰が、どのように伝えていくのか**をしっかり計画していく必要があります。

**購入してくれた顧客が「また、次も買いたい」と思ってもらえるようなファンづくりの仕組み**も必要です。

「単品リピート通販」では、商品ラインナップは知名度のない自社ブランド製品ですが、基本的な人間の心理として「一度購入したものは、もういらない」と感じる傾向があるので、この基本的な傾向をくつがえして、リピート販売へと結びつける戦略や仕組みをしっかり構築していく必要があるのです。具体的には、同梱物に工夫したり、定期的なＤＭやフォローメールの送付を行って、リピート購入への意欲を喚起していきます。

## 小さな会社が選ぶべきは……？

もはやあえて言いきる必要はないかもしれませんが、本書の読者の大部分が属しているはずの「小さな会社」では、２つの大きな分類のうちの「単品リピート通販」のビジネスモデルを採用するのが正解です。

「総合通販」のビジネスモデルでは、今日はポカリスエットがほしい、明日はコカコーラがほしい、明後日はペプシコーラがほしい、と毎日のように変わる顧客の欲求を満足させるために、膨大な商品ラインナップが必要ですが、小さな会社ではそれだけの仕入れをする資金力がありません。

また、検索サイトの検索結果で上位に表示されるようにするためのＳＥＯ対策や、販売サイトの維持・運営にも巨額の資金が必要です。

特殊な販売テクニックがいらない分、資金力の勝負になりがちなのです。

小さな会社ではそれはできませんから、たとえ少々テクニックが必要でも、単品リピート通販のビジネスモデルを選ぶしかありません。

とはいえ、それは逆に言えば、**販売テクニックさえ理解し実践できれば、低予算でも儲かるネット通販ビジネスをつくり上げることが可能**ということです。大手企業のように何千万円もの資金を使わなくても、桁が１つ２つ少ない金額で成功することも、十分に可能なのです！

# 07 「単品リピート通販」モデルの基本ルールを知る

# このモデルで成功できる商品は限られる

では、どうすれば単品リピート通販モデルで成功できるのか？　そのテクニックや基本ルールを見ていきましょう。

まず確認しておくべきは、商品の選択でしょう。

先程も述べたように、単品リピート通販では、総合通販と違って1つの商品を定期的に購入してもらうことで利益を積み重ねていきます。そうしたビジネスモデルである以上、その商品は**「何度も購入が可能なもの」「何度も購入する必要性があるもの」**である必要があります。

一度購入したら数年は買わなくてもよくなる、家具や耐久消費財では、そもそも単品リピート通販モデルは成立しないのです。

そのため、**販売する商品は、必然的に食品や日用品、化粧品、文具、雑貨などの消耗品に限られてきます。**

単品リピート通販モデルで採用できる可能性がある商品例をまとめると、下の表のようになりますから、まずはこの表に含まれている商品、あるいはそれに類似する商品を選ぶ、というのが原則となります。

| 商品ジャンル | | 主な商品例 |
|---|---|---|
| 食品 | 食品・飲料 | 水、茶、米、コーヒー、酒、野菜、加工食品、菓子など |
| | 健康食品 | サプリメント、青汁、栄養ドリンクなど |
| 日用品 | | 歯磨き粉、石鹸、シャンプー、洗剤、入浴剤など |
| 化粧品 | | 化粧水、美容液、美容クリームなど |
| 文具 | | コピー用紙、ペン、ノート、封筒など |
| 雑貨 | 美容雑貨 | コンタクト関連品、ダイエット器具、下着など |
| | その他 | ティッシュ、トイレットペーパー、収納グッズなど |

## リピートしやすい商品を選べ！

さらに、単品リピート通販モデルで取り扱う商品は、次の基準を意識して選ぶようにしてください。

- **１年間で３回以上購入する可能性があり、その総額が１万８０００円以上になるもの**

この数字は、過去の多くの事例を研究して導き出したものです。

たとえば入浴剤であれば、１年間で３回以上購入する可能性はあるでしょう。しかし、他社の類似商品を見ると、どんなに高い入浴剤でも１つ２０００円くらいの価格です。１年間に３回買ったら６０００円、５回買っても１万円で、基準の１万８０００円には到底届きません。

なので、単品リピート通販モデルでは入浴剤を取り扱うべきではありません。

では、お米ではどうでしょうか？

お米は毎日食べるものですし、お米の購入頻度は最低でも１か月に１回程度はあると考えられます。他社の販売価格を見ても、３０００〜５０００円程度の価格をつけることが可能と思われるため、仮に年に４〜５回購入すると考えれば、１万８０００円を達成できます。

つまり、お米は単品リピート通販モデルで、十分に成功できる可能性がある商品と言うことができます。

この基準を使って、まずは看板商品とすべき商品を絞り込んでいくとよいでしょう。

## 定期購入サービスは必須ではない

ちなみに、**単品リピート通販モデルでは、ふつうは最終的に定期購入サービスへとお客さまを誘導していきます**。しかし、最終的にリピート購入があればそれでよいので、必ずしも定期購入サービスにこだわらなくてもかまいません。

たとえば、私のクライアントで定期購入をやりたくない、という社長さんがいらっしゃいました。その企業では、定期購入サービスを導入する代わりに、３〜４か月ごとに季節のキャンペーンを行い、リピート購入を促す戦略をとっていました。

こうしたやり方でも、実際に売上が上がっているのであれば問題はないでしょう。

ただしこのケースでは、クライアント企業のＬＰがもともとＳＥＯ対策に成功していて、多くの関連ワードでの検索結果の上位表示を獲得していた、という事情があります。そのため、自社サイトへのお客さまの流入が常に一定数あり、キャンペーンを実施することで大きな反応を得られやすかった、という背景があったことには注意しておかなければなりません。

お客さまの流入がないＬＰでキャンペーンを打っても、それだけではリピート購入につながらないケースもありますので、その点には注意してください。

## ブルーオーシャンはダメ!?

商材選択に関しては、独自性が高すぎるものを選ぶのも避けるべきです。

社長さんの中には、「特許もとっているこの革新的商品なら、競合商品が存在しないブルーオーシャンに漕ぎ出せる。必ず、ネット通販でも売れるはずだ！」と考える方がたまにいらっしゃいます。しかし、残念ながら**小さな会社のネット通販ビジネスにおいては、ブルーオーシャンの商品は成功しにくい**と言えます。

なぜなら、ブルーオーシャンの商品では、商品の市場そのものを最初からつくり上げていかなければならないからです。お客さまはその商品の存在も知らないし、使い方も知らないし、どんなメリットを得られるのかも知りません。ある程度大きな費用をかけて広告や周知を行い、お客さまを教育して市場をつくっていかなければなりません。

これは、大手の企業がすることで、小さなネット通販ビジネスを志している私たちは、そこから始めてはいけないのです。

小さな会社では、市場をつくることからではなく、大手通販企業がすでに広告宣伝費を投下して、広く認知されている市場からシェアをとっていく、という考え方が大切です。**むしろ、商品は競合他社がひしめくレッドオーシャンから選んだほうがいい**、ということです。

### ■ ヘルスベネフィット（カテゴリー）別市場規模（金額）ランキング上位トップ10

| | 市場規模／年（億円） |
|---|---|
| 美肌・肌ケア | **1,674** |
| 健康維持・増進 | **1,450** |
| 関節の健康 | **910** |
| 疲労回復 | **859** |
| 栄養バランス | **815** |
| 目の健康（ドライアイ対策を除く） | **761** |
| 抗酸化・老化予防 | **610** |
| 減量（とにかく体重を落とす） | **579** |
| 整腸・便秘の改善 | **551** |
| 血液サラサラ | **503** |

出典：『健康食品・サプリメント市場実態把握レポート2016年度版』

製品にはライフサイクルがあり、「導入期↓成長期↓成熟期↓衰退期」の4つの段階を経ていく、とよく言われます。**ネット通販ビジネスで小さな会社が参入すべきは、このうちの成長期と成熟期なのです。**

たとえば、競合他社が星の数ほど存在する典型的なレッドオーシャン商品として、サプリメントを考えてみましょう。サプリメント市場は、全体で1兆5000億円もの規模があるとされます。

しかし、この中で「疲れとれない系」や「眠れない系」のサプリメント市場のみに着目すれば、市場規模は1500億円程度となります。この限定されたサプリメントの市場で、わずか0・6％程度のシェアをとれれば、それだけで10億円の

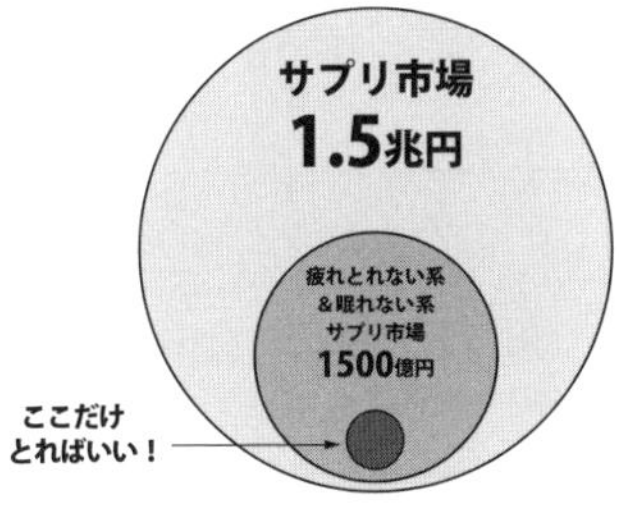

売上を達成できます。

つまり、大手通販企業がコストをかけて育ててくれた市場の中で、わずか0・5～1%程度のスキマに入ることができれば、それで本書のゴールを達成できるのです。

**小さな通販会社は、小さい規模の中でシェアをとればいい。**大手が手がけている商品だからといって、参入できないわけではないのです。

サプリメントだけでなく、「美肌」・「乾燥」・「血液サラサラ」など、スキマ市場を狙えるジャンルはまだまだたくさん存在します（前ページ上表参照）。すべての通販カテゴリーに10億円のスキマがあります。そのスキマを見つけることが重要です。

## シェア1割でハードルが上がる

なお、仮に首尾よく本書のゴールを達成し、年商10億円に到達できたときには、市場規模によっては、大手通販企業が対策を講じてくる可能性についても注意しておく必要が出てきます。

大手通販企業では、「**クープマンの目標値**」と呼ばれる理論を意識しています。この理論によれば、市場の10・9%以上を獲得すると、競合他社はそのライバル会社の脅威を認知するとされています（「市場的認知シェア」と言います）。

ちなみに、クープマンの目標値ではこのほかにも、市場での存在をなんとか許されるシェア6・8%（市場的存在シェア）、市場全体に影響を与える規模となるシェア26・1%（市場的影響シェア）、競合他社の中で安定的に首位を維持できるシェア41・7％（相対的安定シェア）、市場での独占的な存在となるシェア73・9％（独占的市場シェア）という4つの数値を明示しており、これらの数値についても、意識しておくと役立つと思います。

さて、当然ながら脅威を認知した競合他社は、さまざまな対策を講じてきます。

実際、私も関わったある部位別ニキビの商品群がそうでした。

ある時点までは順調に売上をつくっていきましたが、年商10億円規模になって市場シェアが10％に近づくと、大手通販企業がその脅威を認知し、同じような部位別の商品を市場に投入してきたのです。しかも、当時販売されていた医薬部外品だけではなく、医薬品を市場に投入してきたため、戦術の変更を余儀なくされました。

今後、小さな通販会社も年商10億円の規模を達成した暁には、市場規模によってはシェアが10％を超え、大手通販がライバル企業として意識してくる可能性があります。

ちょっと気が早い話ではありますが、市場シェアについて考える際には、この点についても意識しておくと役立つでしょう。

# 08 ＵＶＰとストーリーを組み合わせて唯一無二の独自性を出す

## 「あなたの会社で買う必然性」をつくれ！

小さな通販会社が、単品リピート通販モデルで一気に売上を伸ばすには、**「ＵＶＰとストーリーを組み合わせて打ち出す」**ことも不可欠です。

ＵＶＰとは、「Unique Value Proposition（独自の価値提案）の略で、文字どおり、お客さまに対して「自社独自の価値」を提案すること、あるいは、その独自の価値そのもののことを指します。

お客さまに、大手通販企業のサイトではなくあなたの会社のサイトで商品を購入してもらう、しかも、一度だけではなく何度も購入してもらうには、**あなたの会社や商品に、他の会社にはない独自の価値提案＝ＵＶＰがなければなりません。**

そうでなければ、信頼性などに優れる総合通販のサイトで買えば済むだけの話だからです。

ＵＶＰを極端に言い換えれば、「売上の限界を突破させるための、小さな会社の通販ビジネスにおけるブランドの卵」です。売上の限界を突破したいなら、ブランド構築をする必要があるのです。

# 誰でも、「売れるＵＶＰ」をつくれる方程式とは

その具体的なつくり方は第２～３章で詳述しますので、ここでは概略だけを紹介します。

魅力のあるＵＶＰをつくり上げることは、実はかなり難しいことなのですが、長年の通販ビジネスでのコンサルティング経験により、結果につながるＵＶＰを誰でもつくれる方程式を構築することに私は成功しました。

おおよそ、次のようなステップを１つずつこなしていけば、誰でも自社の「売れるＵＶＰ」をつくり上げることができる、というものです。

**ステップ０**：ブランド構築の準備をする（９マス自分史の箱）
**ステップ１**：「誰が言うのか?」を決める（ＵＶＰ構文）
**ステップ２**：「何を言うのか?」を決める（ＵＶＰ構文）
**ステップ３**：４段構成のストーリーを構築する
**ステップ４**：あなたの独自の「ギフト」を発見する
**ステップ５**：あなたが提供できる価値に変換する（商品企画）

なお、このうちのステップ３に注目してもらうと、４段構成のストーリーでＵＶＰを表現する、と

いう作業が含まれていることがわかります。

売れているネットの通販サイトをいくつか見てもらうと、その多くがストーリー形式のセールスコピーを採用していることがわかるでしょう。**ストーリー（物語）という形式は、自社独自の価値観・世界観を語るときには非常に強力なツールとなります**。本書でお伝えするノウハウを実践してもらえば、お客さまの心にストレートに届く構成で、こうしたストーリー形式のセールスコピーを誰でも作成できるようになります。

また、統一された世界観の下での短いキャッチフレーズや、簡素な説明文など、実際のＬＰを作成する際に必要となる個々の「素材」「フレーズ」についても、前述の０〜５のステップに取り組む中で自然と確定していくようになっていますので、あとはそれらを組み合わせるだけで、儲かる通販ビジネスのＬＰをつくれる、というわけです。

いずれにせよ、こうしたＵＶＰ＝独自の価値提案を確立させ、お客さまがあなたの会社で商品をリピート購入する必然性をつくらないと、他社との価格競争に陥ってしまいます。当然、そうなれば利益は上がってきませんし、売上も伸びていきません。

相対価値ではない絶対価値、お客さまの「リピート購入の理由」となる自社のＵＶＰを、必ず構築するようにしてください。

# 09 お客さまの期待を超えることでリピート客・ファン客をつくる

## 事前の期待を下回ればクレームの発生も

失敗しない商品選択と、独自のUVPの作成に加えて、単品リピート通販モデルを成功させるためにさらに必要なものがあります。

それは、**常にお客さまの声を聞き、お客さまの期待を超える価値を提供し続けること**。

お客さまは、商品を注文する前にはLPの細かい部分まで読み込み、事前にさまざまな期待（事前期待）を抱いているものです。その後、実際に商品が届いたらその商品を評価するのですが(事後評価)、そのときの「事前期待」と「事後評価」の関係によって、その後にリピート客になってくれるかどうかが変わってきます。さらには、リピート購入だけにとどまらず、口コミで知人・友人等にお勧めしてくれるファン客になってくれるかどうかも変わってきます。

**パターン1： 事前期待 ＞ 事後評価 → 不満 → クレームなどの発生**

事前の期待より事後の評価が低いと、お客さまは不満を抱き、一定の確率でクレームを発生させます。人にも文句を言いたくなるので、ネガティブな口コミも発生します。

**パターン2： 事前期待 ＝ 事後評価 → 満足 → リピート客に**

期待と評価が同じだったときには、お客さまは満足し、リピート購入してくれます。しかし、友人や知人にお勧めまではしてくれません。

**パターン3： 事前期待 ＜ 事後評価 → 感動 → ファン客に**

事前の期待よりも届いた商品の評価が上回ると、お客さまは初めて感動してくれます。もちろんリピート購入してくれますし、友人や知人へのお勧めもしてくれます。

ここからわかるのは、**最初の段階でお客さまの期待以上のものを設計しておく必要がある**、ということです。

あとづけでは、到底ファン客にまではなってもらえません。モノ（商品）だけを提供するということではダメで、そこに何をプラスしたらお客さまの期待を超え、その心を掴めるのか、常に模索することが必要です。

# 売りっぱなしでは、お客さまが満足したかどうかもわからない

これは、漠然と探しても見つかりません。**お客さまの声を集め、脳内SEOの取り組みでお客さまのニーズやウォンツに合致する言葉、「売れるお宝キーワード」を丹念に探していくことが必要**です。

その会社独自の強みとなるUVPも、こうした実際のお客さまの声の中から見つけられることがよくあります。

また、こうした期待以上の価値を提供し続けていれば、自然と口コミも広がっていき、自社のブランドもできていきます。

常にお客さまの声を聞き、その期待を超えようとする姿勢を持つことで、単品リピート通販モデルの成功確率はさらに上がっていく、というわけです。

# 10 数字を測りながら小さく始めることが大切

## 在庫過多を遠ざけてくれる「ドライテスト」

小さな会社のネット通販ビジネスをうまく離陸させるには、**最初の段階から完璧をめざさない**ことも大切です。

ここまでに紹介してきた各種の指標で数字を測りながら、必ず**ドライテスト**（試作品段階で実際に販売して、お客さまの反応を確かめるテスト）を行い、小さく始めて、お客さまの声を聞きながら少しずつ改善を重ね、売上を大きくしていくのが鉄則です。

最初から「これは、売れる！」と意気込みだけで大量生産に踏み切ってしまうと、資金が続くうちは広告を出せるのでなんとか保つのですが、広告費をかけることができなくなった途端に、売上が急減して在庫過多になってしまいます。**小さな会社のネット通販ビジネスが継続できなくなる理由の8割くらいは、この典型的な失敗パターン**なのではないか、と思っています。

どんなビジネスでも、計画→実行→問題の確認→修正して再実行の**PDCAサイクル**を回すことが、成功の基本となります。ネット通販ビジネスで、小さな会社がこのPDCAサイクルを回すには、スタート段階からあと戻りできない賭けをすべきではないのです。そのほうが、結果的にはより早く売上1億円を達成できます。いくつか、実際のドライテストの事例も紹介しておきましょう。

| 単価 | 人数 | 受注 | |
|---|---|---|---|
| 12,800 | 1 | 12,800 | |
| 9,800 | 4 | 39,200 | |
| 10,400 | 5 | 52,000 | サイトA |

| 広告費 | クリック | クリック単価 | |
|---|---|---|---|
| 17,442 | 321 | 54.3 | ヤフー |
| 28,286 | 379 | 74.6 | グーグル |
| 45,728 | 700 | 65.3 | サイトB |

| MR |
|---|
| 1.14 |

| 単価 | 人数 | 受注 | |
|---|---|---|---|
| 12,800 | 1 | 12,800 | |
| 9,800 | 4 | 39,200 | |
| 10,400 | 5 | 52,000 | サイトA |

| 広告費 | クリック | クリック単価 | |
|---|---|---|---|
| 17,442 | 321 | 54.3 | ヤフー |
| 26,000 | 379 | 68.6 | グーグル |
| 43,442 | 700 | 62.1 | サイトB |

| MR |
|---|
| 1.20 |

### ■事例　インターネットを使ったドライテスト

耳鳴りやめまいに効く漢方薬での事例です。

一定のクリック数までのPPC広告を出稿し、自社のLPに来てくれた見込み客のうちどれだけが実際に購入したのかを把握して、MR（→29ページ参照）を測定します（上表参照）。

また、この事例では数量と価格が異なる3つの選択肢も提示して、どの組み合わせでもっともMRが高くなるかも検証しています。

## ■事例　紙のＤＭでのドライテスト

**法人向け商品の場合には、ＬＰはネット上にあっても、顧客へのリーチは配送商品に紙のＤＭ（ダイレクトメール）を同梱するほうが反応がよくなります。**

紙のＤＭの反響率は一般に１０００枚に3件、つまり０・3％あれば上出来と言われていますが、この方法であれば、商品を開封する際に高確率でＤＭの内容にも目をとおしてもらえるため、お勧めの手法です。

当然、こうした場合であってもドライテストは実践できます。配布数や注文受付数を絞った形でＤＭを送り、試作段階の商品を限定の事前販売キャンペーンなどとして売り出せば、ネット上の場合と同様に、ＭＲの測定が行えるのです。

たとえば以下に示したＤＭは、歯科医院向けの歯磨き粉に関するものですが、この事例では「先着１２０名限定の先行予約販売」とすることで、お客さまの購買意欲を煽りながら、上手にテスト数をコントロールしています。

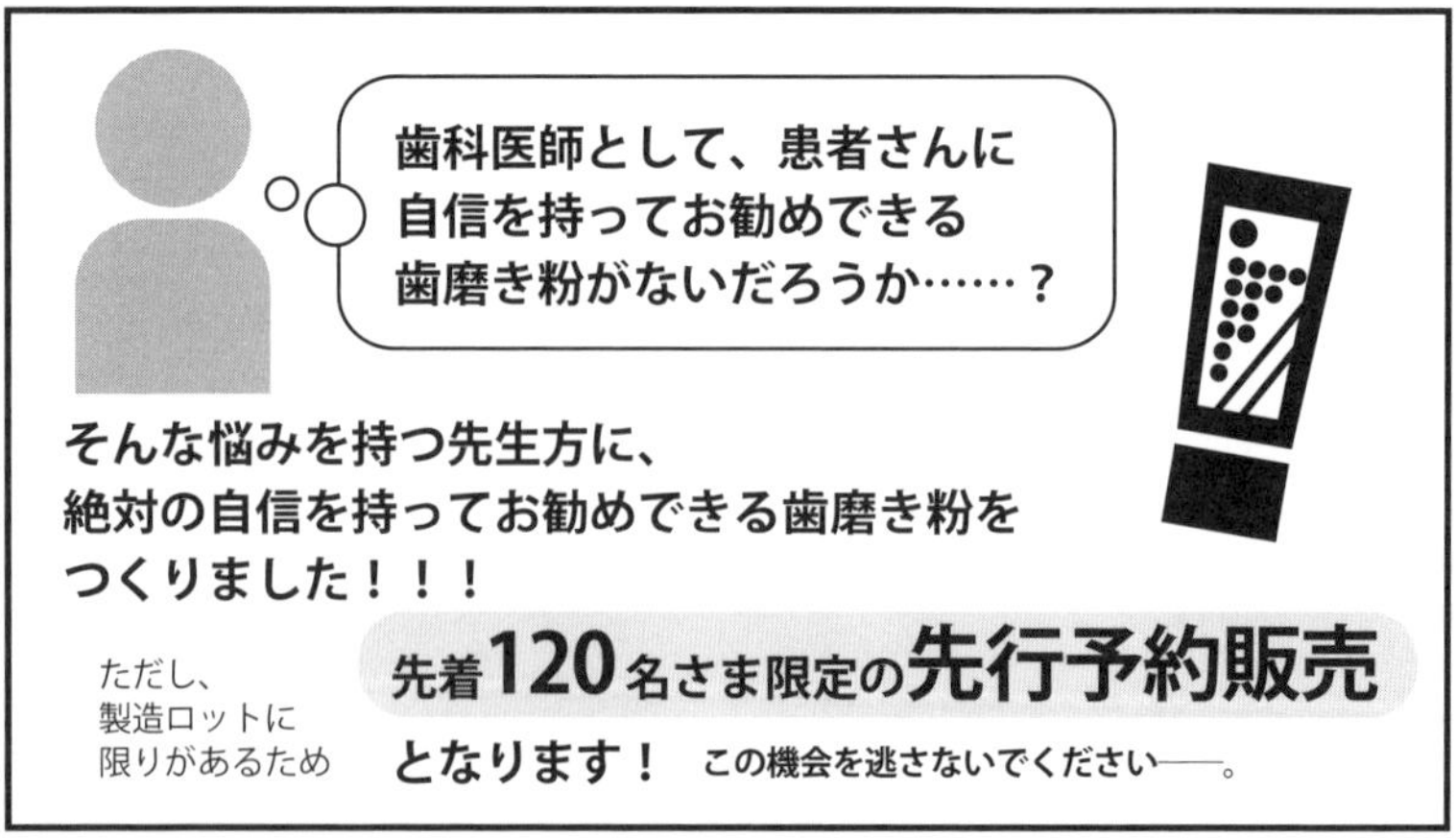

歯科医師として、患者さんに
自信を持ってお勧めできる
歯磨き粉がないだろうか……？
そんな悩みを持つ先生方に、
絶対の自信を持ってお勧めできる歯磨き粉を
つくりました！！！
ただし、
製造ロットに
限りがあるため
先着120名さま限定の先行予約販売
となります！　この機会を逃さないでください――。

## ８００以上の数でテストすれば信頼性がさらにＵＰ

まとめると、**ネット経由であれオフラインであれ、販売する数を一定にして、その結果を見れば、ドライテストは簡単に実施できる、**ということです。

事例ではＭＲの数字だけを検証していますが、同様に「売れる通販指数」やリピート率なども検証できますし、バージョンの違うＬＰやＤＭを用意しておき、どちらの反応がよいかを検証するようなことも可能です。

いずれにせよ、少しずつお客さまの反応を確認しながら、小さく始めて大きく育てていくのが重要であり、ドライテストはその大きな武器になってくれる、ということです。

なお、ここでの事例では、ドライテストの数はそれぞれ７００と１２０となっていますが、予算などの面で可能であれば、**統計学的にも有意な数値を得られやすい８００以上をドライテスト実施数とすると、テスト結果の信頼性がより向上する、**ということも覚えておくとよいでしょう。

11

# 儲かるネット通販ビジネスの全体像をさらに細かく理解しておく

## 原理原則は5階層

ここまで、儲かるネット通販ビジネスを実現させるための「土台」の部分を、どうつくるかを解説してきました。「はじめに」で紹介したマーケティングβの部分です（↓4ページ図表を再参照）。

ここでは、その土台＝マーケティングβを、さらにいくつかのパーツに分解してみましょう。

マーケティングβは、下から「**原理原則**」「**戦略**」「**戦術**」の3つの階層に分けることが可能です。

このうち、もっとも基礎的な部分となる「原理原則」をさらに分解すると、おおよそ次の5つのステップから成り立っている、と考えることができます（左図参照）。

**ステップ① UVP（誰が言うのか？ 何を言うのか？）の作成**

**ステップ② 売れる商品企画**

マーケティングβの全体像

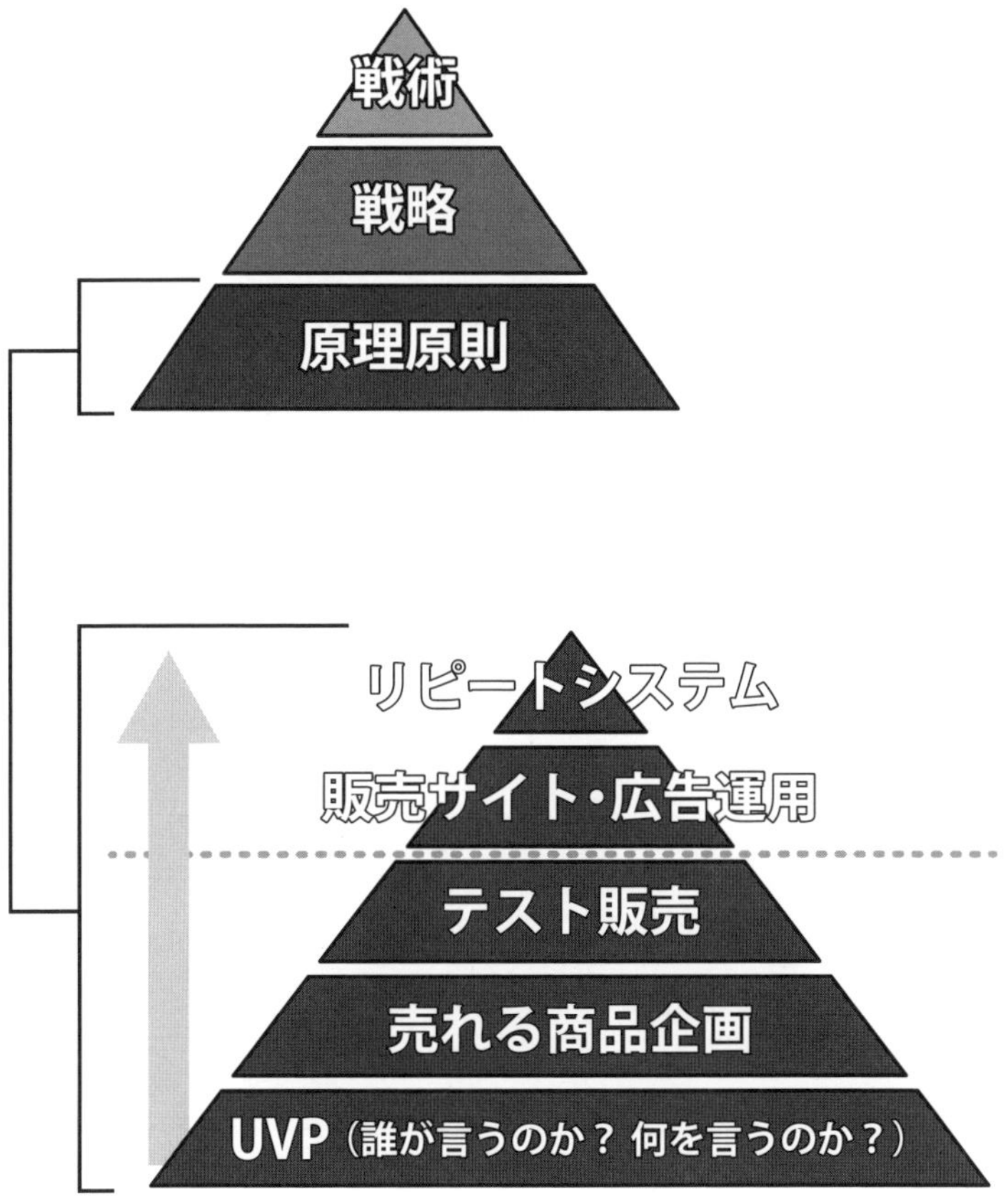

**ステップ③　テスト販売（ドライテスト）**
**ステップ④　販売サイトの作成、広告運用**
**ステップ⑤　リピートシステムの構築**

このうち、私のところには④と⑤に関連した、「リピートがうまくとれない」「販売サイトに問題がある」「広告の運用がうまくいかない」といった相談が寄せられることが多いです。

しかし、実はここでも、④⑤のような具体的に「見える部分」にとりかかる前に、①②③の「見えない部分」を構築することがとても重要になります。

まずはUVPをつくり（①）、単品リピート通販モデルに適用できる商品を選んで、売れるコンセプトを立てます（②）。この段階では「売れる通販指数」が2000を突破するかどうかも見極めます。

さらに、ドライテストを行い、MRなどの指標をクリアするか確かめます（③）。

こうした一連の基礎を固めたあとで、初めてLPを作成して広告費をかけ（④）、売上をつくりながらリピートシステムを構築していきます（⑤）。

**①～③のステップにしっかりと取り組まないでショートカットしてしまうと、④や⑤は成り立たない**、ということを肝に銘じてください。

# 「戦略」部分は3つのポイントに注意！

「原理原則」の上に「戦略」があります。

この戦略の部分では、次の3つのポイントに注意しましょう。これらのポイントを実践できるようになると、お客さまのリピート購入を促すリピートシステムが自然に形づくられていきます。

**【ポイント1】　ボトルネックをなくす（ボトルネック理論）**

ネット通販ビジネスにおいては、最終的に商品がお客さまの手に渡るのは、自宅（やオフィスなど）まで商品が配送された段階です。お客さまはそれまで、ネット上のLPに接してはいますが、あなたの会社の社員とはまったく会うことはありませんし、通常は話すこともありません。

しかし、配送の段階で1人だけ、最後の最後に販売側の人間とリアルに接します。それは、配送業者の担当者です。また、配送時の梱包の状態も、お客さまが最初に接する現実の情報と言えます。

そのため、**ネット通販ビジネスでは、配送業者に対する印象や、配送時の梱包の状態などで、お客さまの最終的な満足度が大きく左右されます。**

「買おう！」と決めてボタンを「ポチッ」とクリックするとき、お客さまのテンションはマックスになっていますが、その時点から気持ちがだんだん落ち着いていって、相当テンションが低くなっているときに、商品が手元に届きます。そんなタイミングで、配送に関する部分で嫌な印象を受けたら、一気にクレームとなってしまうでしょう。

このように、ビジネスの流れの中で問題が起こりやすい箇所のことを「ボトルネック」と呼びます。**ネット通販ビジネスでは、物流の部分がボトルネックになりやすい**ため、細かいところにまでしっかり気を配り、お客さまの満足度を減らさないようにしましょう。

具体的には、梱包については実際にお客さまの気持ちになって商品を開けてみるなどし、不満に思う箇所がないかを何度も確認したり、配送業者に丁寧な配送をお願いしたりするようにしましょう。あるいは、大手の通販企業などの梱包を見ると、外側に、配送業者に対する丁寧な配送の依頼文が印刷してあることもあります。これは当然、配送の品質向上にも役立ちますし、同時に、それを見たお客さまが満足感を高める効果も期待できます。こうした工夫は、小さな会社でもドンドンまねしたらよいと思います。

また、物流に限らず、こうした**ボトルネックによる減点をいかに減らすかについて、会社全体で考えを共有しておく**ことも大切です。たとえほかがすべてよくても、1つダメな部分があると、そこから水が漏れていってしまう。社員全員がこの認識を共有して、ちょっとしたお客さまからのクレームに対しても、スピーディーに対応できる姿勢をつくっておきましょう。

リピート購入があまり発生しない物販と違い、通販ビジネスではお客さまにファン客になって頂ける確率が高いです。こうした小さなところにも目を配り、しっかりとリピート購入をしてもらうことです。

## 【ポイント2】　カルピスの法則

ネット通販ビジネスで成功したいのなら、「カルピスの法則」も知っておかなければなりません。

**お客さまにどんな価値を提供するのか、「一貫性を持ったメッセージ」を、まるで原液を薄めてさまざまな濃さのカルピスをつくるように、お客さまの属性に合わせて薄めながら伝えていく、**という考え方です。

一番濃いメッセージはファン客に、それより少し薄めたメッセージはリピート客に、さらに薄めたメッセージは新規のお客さまへと、本質的には同じ内容であっても、受け手の準備態勢に応じてメッセージの濃度を変えて提供できるように準備しましょう。

これができるようになると、初回購入のお客さまを少しずつリピート客やファン客へと育成していけるようになるため、広告に頼らなくても売上を順調に伸ばしていくことができるのです。

## 【ポイント3】　3-3-2の法則

最後に、「3-3-2の法則」についても必ず実践すること。

これは、**一度購入したお客さまに、3か月以内に、3回接触して、2回目の購入をしてもらうように働きかけること**。通販業界では、最低限これができなければリピート購入をしてもらうことは難しい、とよく言われます。

私の長年の経験からも、この法則は事実である場合が多いです。なので、小さな会社のネット通販ビジネスにおいても、この3-3-2の法則は必ず実践するようにしましょう。

具体的には、一定期間ごとに半自動的に販促メールを送ってくれる「ステップメール」のサービスを使ったり、あえて紙の「ステップDM」を送ったりすることで、お客さまに接触していきます。

ちなみにこのとき、「どうしたら買ってもらえるのか?」ではなく、逆転の発想で「なぜ買わないのか?」と考えて、お客さまへのコンタクトをとるようにすると有効です。

人が買わない理由として、すでに「見ない・信じない・行動しない」の3つの壁を挙げましたが、マーケティングの世界ではこのほかにも、「**4つの壁**」がよく言われます（**信頼の壁（商品・会社）**、**安心・安全の壁**、**機会の壁**、**効果の壁**）。

3つの壁が、主に初回購入の際に意識されるのに対し、4つの壁はリピート販売の際にもうまく応用できます。そこで、ステップメールやステップDMでの提案によって、これらの**買わない壁を1つずつ排除し**、**お客さまが買わない理由をなくす**ことで、実際の購入に結びつけていく、という視点が重要となります。

実際の例として、ローヤルゼリーの健康食品を販売する会社での、新規購入後のお客さまへの接触スケジュールを掲載しておきます。参考にしてください（左表参照）。

## ■ ローヤルゼリーの健康食品の事例

**【新規購入７日後】 ⇒ 信頼の醸成**

「会社の取り組み、こんなことやっています」の会社紹介
手づくり　お客さまの声 【８割のコンテンツ】
普通の注文 【２割】 ※オファーなし

▼

**【購入 14 日後】 ⇒ 不安の払拭**

愛用者さまからこんな声を頂きました
～ミツバチについて、バラについて（ＵＶＰの何を言うのか？）
あえて安心・安全　顔が見える 【８割のコンテンツ】
普通の注文 【２割】 ※オファーなし

▼

**【購入 21 日後】 ⇒ 信頼醸成・不安払拭・機会の提供**

（ファーストオファー）
電話やＦＡＸで相談可能です、いつでもあなたの味方です。
あなたも「※※さん」のようなファンになりませんか？
★お福分けクラブのご紹介と入会案内
（会員になることを紹介するが、単なる会員登録ではない）
⇒お福分けクラブ会員には、毎月の「お福分け通信」でバラとミツバチのこと、地方創生のことなどをご紹介してお福分けします。
普通の注文 【２割】

▼

**【購入 30 日～ 45 日後】 ⇒ 機会の提供**

（セカンドオファー）
キャンペーンを見せる：ローヤルゼリーが初めての方に限り
定期購入して頂けたら特別に定価の半額でお届けします。
さらに送料無料！
毎回お得な定期価格でお届けします。【オファー８割】

なお、「戦略」の上に位置する「戦術」については、本書の第5～6章で詳しく取り上げますので、ここでは説明を省略します。

## 章のまとめ

- 大手通販企業が計画どおりに売上をつくることができるのは、科学的な全体設計図があるから。小さな会社もそれをまねるべき。
- 彼らは、中小の小さな通販会社が知らない３つの基準値「売れる通販指数」、MR、年間リピート率を意識している。
- そもそも「売れる通販指数」が 2000 を超えない商品は売らないほうがいい。
- MR が 0.8 より低下したら、LP や商品のコンセプトを修正して対応する。
- 年間リピート率は 60%を超えるように努力する。
- これから数年は通販業界全体が急成長するので、その中で 10 億円分のスキマを見つければよいだけ。
- 小さな会社は単品リピート通販のビジネスモデルを採用するのが正解。
- 単品リピート通販モデルで通用する商品は限られる。
- UVP で他社との競争に陥らない独自性を打ち出す。
- 常にお客さまの事前の期待を超えることを意識する。
- ドライテストを活用して、お客さまの反応を常に確かめながら売上を伸ばしていく。直感で「えい、やぁっ！」と始めると失敗するので注意！
- ボトルネックをなくす意識が大切。
- 「カルピスの法則」で一貫性のあるメッセージを、顧客の成熟度ごとに打ち出すと、お客さまの育成がうまくいく。
- 一度購入したお客さまには、「３‐３‐２の法則」で３か月以内に確実に３回は接触して、２回違うオファーを用意するリピートシステムをつくること。

第2章

# 「9マス自分史の箱」を使って あなたの会社のUVPをつくる！

～眠れる価値を再発見する～

# 01 ＵＶＰをつくり、統一された「売れる仕組み」を設計する

## 勝利のための武器を手に入れろ！

小さい会社は、勝つための武器を手に入れなければ大手通販会社に負けてしまいます。

第1章で詳述した「3つの数字」や、単品リピート通販モデルで成功できる商品選び、リピートシステム、ドライテストなどもそうした武器ですが、**なかでも最大の武器となってくれるのが、自社独自の価値観や世界観、商品コンセプトなどのＵＶＰ（独自の価値提案）**です。

どの競合他社とも異なるＵＶＰをつくることができれば、自然とお客さまの「共感」や「感動」が生まれ、小さな会社でも大手通販会社と戦うことが可能になります。

第2章から第3章にかけては、そのＵＶＰの役割やつくり方についてじっくりと解説していきます。順番に取り組んでいけば、誰でもＵＶＰをつくれるようにしてありますから、ぜひ、みなさんも取り組んでみてください。

# UVPは5つの要素で構成される

さて、私はUVPを大きく5つの要素に切り分けて考えています。**「誰が言うのか?」「何を言うのか?」「ストーリー」「ギフト」**の基本の4階層と、それらすべてを取り囲む**「世界観」**の5つの要素です（下図参照）。

ベースにあるのは「誰が言うのか?」で、**経営者である社長自身が、どんな夢や希望、不満や不安、あるいはどんな思想や嗜好を持った人物であるのか**、の部分です。

なお、大きな企業では社長というよりも「会社として」どう考えているかが重要になりますが、小さな会社の場合には、ほぼ社長と会社はイコールのものと考えてかまわないでしょう。

次の段階の「何を言うのか?」は、**その社長（会社）が、お客さまに対して商品やサービスを通じて提案する内容そのもの**です。お客さまのどんなニーズやウォンツに対して、どんな解決策や未来を提示するのか、を示したものです。

「ストーリー」は、その**「誰が言うのか?」「何を言うのか?」**を、物語形

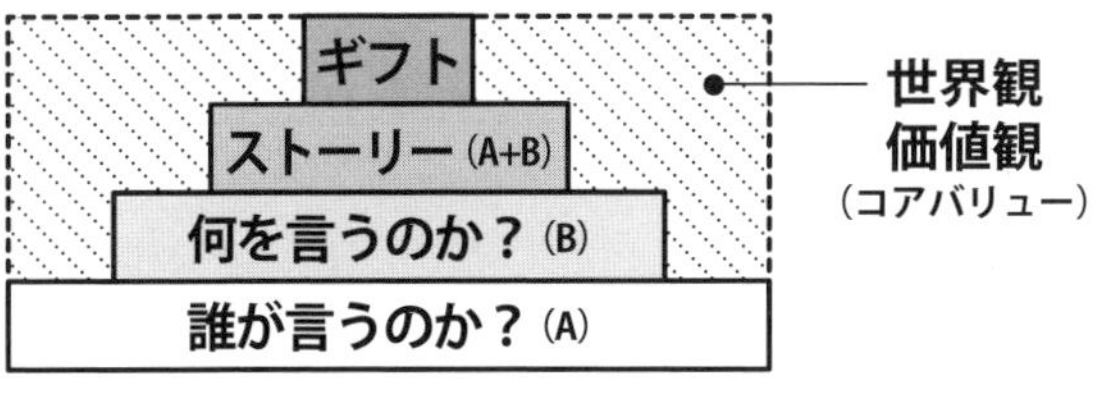

**式に落とし込んだもの。**前述したように、ストーリーには共感や感動を生む強い力があるので、ＵＶＰには欠かせない要素だと考えています。

そして「ギフト」とは、**社長や会社が今後、お客さまにどんな価値を提供していくのかをシンボル的に表したもの**です。

「誰が言うのか？」「何を言うのか？」の２つがまず基本にあって、それを表現する要素として「ストーリー」と「ギフト」がある、と考えればいいでしょう（この視点から４つの階層を図表化すると、下図のようにも表せます）。

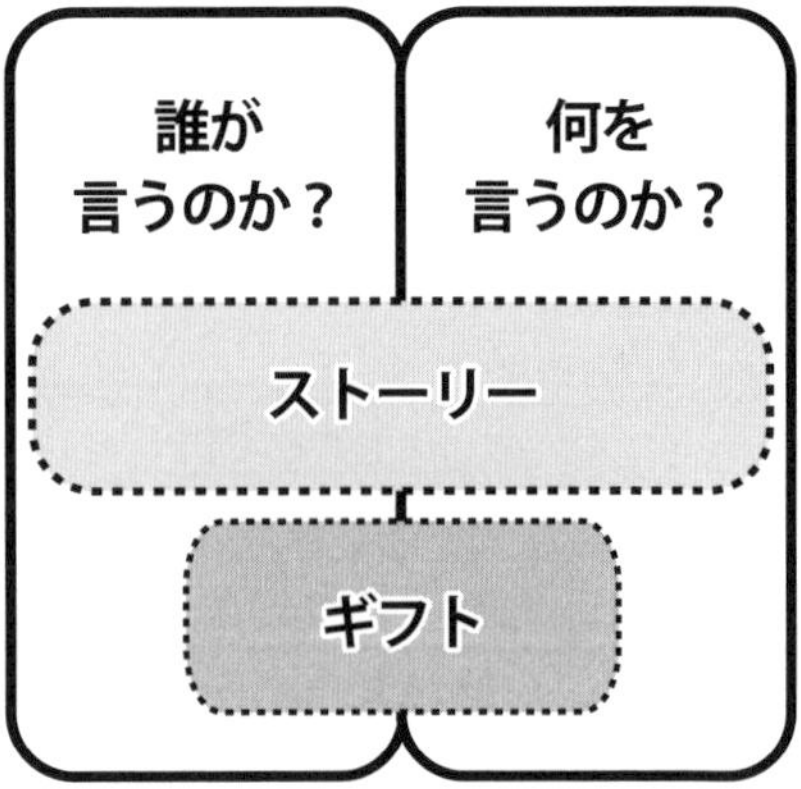


また、これらの４階層すべてを貫くもの、あるいは取り巻くものとして「世界観」があり、これによって、ＵＶＰを構成するすべての要素・メッセージに統一感を与えます。

ちなみに「世界観」は、**社長自身のバックグラウンドやライフスタイル、社長の心理学的な型などの要素から自ずと構成される、一定の価値観**と言い換えることもできるでしょう。

これらの５つの要素をすべて埋めてあげることで、競争力があり、自社の特性にも合致した唯一無二のＵＶＰを自然につくれるのです。

# ビジネス全体を、UVPに立脚して組み立てよう

**UVPを確立できたら、商品のコンセプトづくりにもその価値観や世界観を投影・反映させていきます。**

自社の打ち出しているメッセージに沿った商品やサービスでなければ、お客さまはそこに違和感やズレを感じてしまいます。逆に、UVPに合致した商品やサービスであれば、それ自体が、さらに自社のUVPを強化してくれます。

UVPに合わせて商品コンセプトをつくり、**ドライテストをとおしてMRや「売れる通販指数」などを確認。**問題がなければ正式に商品化して、**それらの商品で集客を担当するフロントエンド商品（売れる商品）と、リピート客向けに提供してより大きな利益を生んでくれるバックエンド商品（儲かる商品）のファネル（漏斗構造）を構築**します。

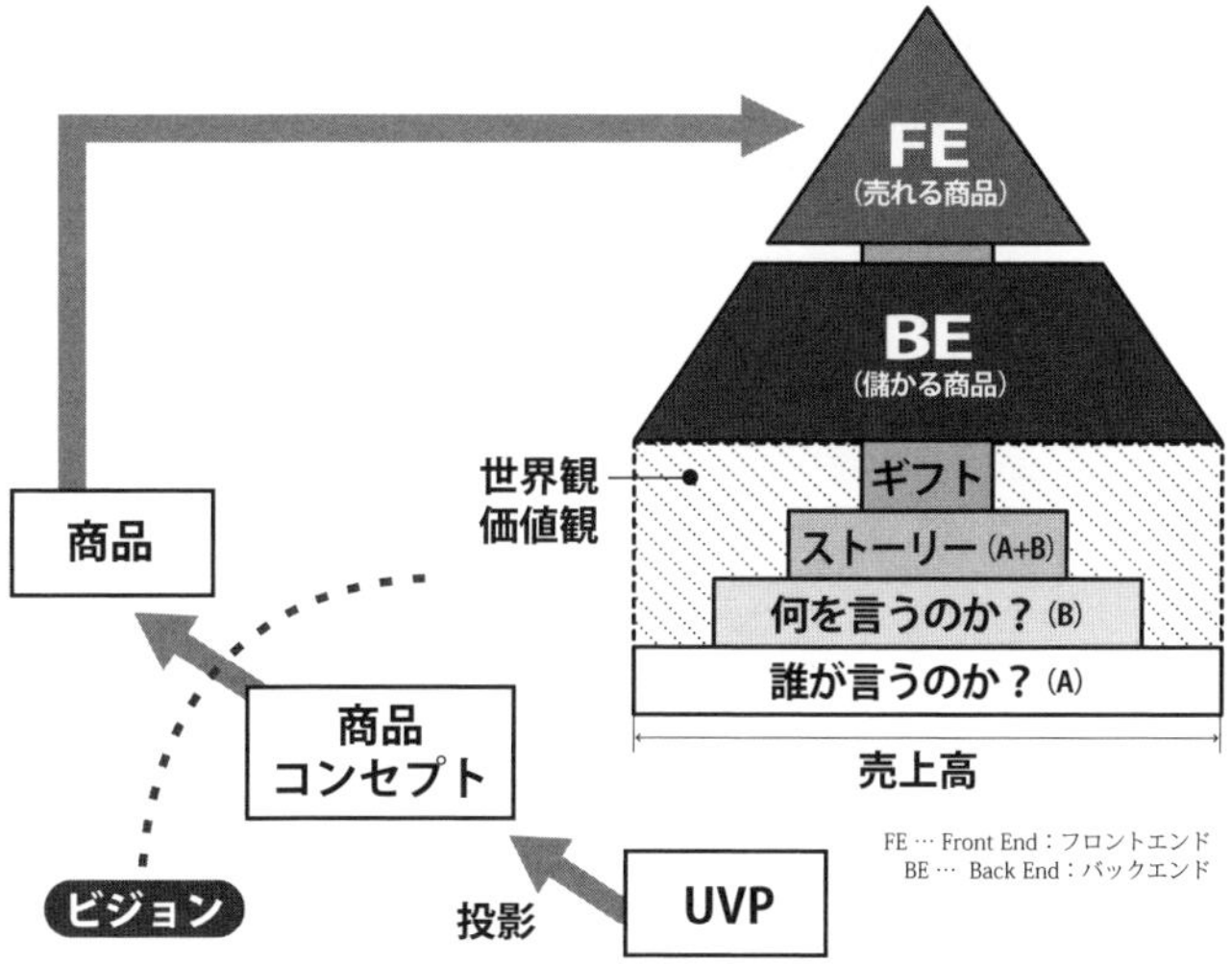

これが、小さなネット通販会社が成功するための最短ルートを爆走できる売り方、ビジネスモデルだと、私は自信を持って断言します（前ページ図参照）。

なお、**最初にこの仕組みができてしまえば、あとはそれをメンテナンスするだけで、社長自身が大きく動かなくても社員だけでネット通販ビジネスを運営できる**、という副次的メリットも生まれてきます。

# 02 UVPに基づいたビジネスモデルなら大手企業にも勝てる戦略を描ける！

## 唯一無二の価値を提案できなければ必ず負ける

すでに何度か述べているように、UVPをつくることによる最大のメリットは、「**他社と比べられない、強烈な差別化ができる**」ということにあります。

小さなネット通販会社が、商品の特徴や性能、価格などで他社との差別化をするには限界があります。そのため、大手通販企業が参入してきた瞬間に、小さなネット通販会社は資金力、社会的影響力、信用力などの面で競争に負けてしまいがちです。

もともと、小さなネット通販会社は大手の通販企業に比べて社会的信用力が少ないですから、**たとえ価格が安く、性能のよい商品を販売したとしても、そう簡単にはお客さまに選ばれません**。また、お客さまにすれば、聞いたことのない小さな会社が売っている商品を買うより、名前を聞いたことのある大手通販企業から買うほうが安心できます。そのため、**同じような商品なら、小さな会社は大手通販企業に勝つことは決してできない**のです。

しかし、UVPをしっかりと構築し、市場の中での唯一無二の価値をつくり出せていれば、たとえ大手が参入してきて、特徴や性能、価格などの面で優位な類似商品を投入してきたとしても、**お客さまに「どうせなら、あの会社から買いたい」と思ってもらえ、生き残ることができます**。

これが、UVPのもたらす最大のメリットです。UVPの構築は、小さなネット通販会社が競合他社との競争に巻き込まれることなく、売上を1億、10億、30億と順調に伸ばして成功できる唯一の手段だと私は思っています。

よって、特に次のような課題に悩んでいる方の場合には、自社のUVPをつくることで課題の解決につながる可能性が大きいでしょう。

・広告費をかけて集客しているが、売上がなかなか上がらない

・商品点数ばかり増えてしまい、管理しきれない
・薬機法の縛りでうまく商品の強みを表現できない
・自分のこだわりをうまくビジネスにつなげられていない
・商品の特徴や性能、価格などで他社との差別化を図っているが、うまくいかない
・これからネット通販を立ち上げようと思っているが、何から始めればよいかわからない　など

## 相対比較では足りない

とはいえ、読者のみなさんの中には、「ＵＶＰをつくって商品コンセプトに投影するだけで、どうしてそこまで強固な差別化ができるのか?」と疑問を抱く方もいらっしゃるでしょう。

それは、ＵＶＰが絶対比較だからです。

たとえば、マーケティング用語にはＵＶＰとよく似た「**USP**」という言葉があります。Unique Selling Proposition の略で、「独自の売りや強み」と訳されるマーケティング用語です。

これだけだとＵＶＰとほとんど変わりないようにも感じられますが、ＵＳＰにはSelling（販売上の）という言葉が入っているとおり、特に商品を売るとき（お客さまからすれば買うとき）に、お客さまが他の類似商品と比較して、「こちらの商品のほうが、ここが優れているから買おう！」と決める要素のことを指しています。

一般的には、ネット通販ビジネスでも、このＵＳＰをしっかり打ち出すことが大事だとされます。

しかし、USPはあくまで比較対象（競合商品）が存在する相対比較です。そのため、USPとして訴求するものは、どうしても「有効成分○○を100g配合！」とか、「業界最安値」などと、商品の特徴や価格、性能などの表面的な内容に偏ります。**そうでなければ、そもそも比較ができない**からです。

「A社の商品とB社の商品で比較した結果、A社のほうが有効成分の含有量が多く、しかも安いから、A社の商品を買おう」という具合になるわけです。

しかし、こうした**相対比較では、小さな会社が大手企業に勝つことはできません**。

社会心理学者で、世界中でロングセラーとなっている『影響力の武器　なぜ、人は動かされるのか』（誠信書房）の著者でもあるロバート・B・チャルディーニは、『Pre-Suasion』（日本語版未発行）という書籍の中でその理由を次のように説明しています。

同氏によれば、人は何かを判断するとき、選択肢が多すぎたり、その分野に対する知識がないと、無意識のうちに次の4つの要素の順に影響され、判断を下すとのこと。

**①エビデンス**
**②パワー**
**③ストーリー**
**④文化・カルチャーの世界**

順に説明をしていきます。

このうち、もっとも大きな影響を与えるのは「エビデンス」です。ここで言う「エビデンス」とは、なんらかの実証結果のことを指します。

たとえば、薬の商品パッケージにさまざまな宣伝文句が書かれていても、それが「この薬はよく効きます」といった根拠に欠けるものであれば、多くの人はそんな自画自賛の宣伝文句を信用しません。自社の商品を「よい」と宣伝するのは当たり前のことなので、それだけでは信憑性に欠けてしまうのです。

そうした宣伝文句や商品そのものに信憑性を与えるのは、「1000人中998人に効果があった」「当店薬剤師おすすめNo.1」「アマゾンランキング医薬品カテゴリー第1位」といった第三者による実証結果です。あるいは、科学的な手法による実験結果なども、このエビデンスに当たります。

こうしたエビデンスが、「お客さまに行動させる力」を一番持っていると、ロバート・B・チャルディーニは言います。

そして、そのエビデンスの次に、お客さまに強い影響を与えると同氏が言うのが「パワー」です。

ここで言う「パワー」とは力関係のこと。たとえば同じ商品でも、「○○大学の△△博士が推奨!」と、社会的信用力の大きな人の推薦がついていると、その商品は無条件でよいものだと感じてしまいます。同じように「厚生労働省認定」といった国の機関名が入っていたり、「スイス製腕時計」といった印象のよい国名、または「トヨタ」「資生堂」など大きな会社の名前がついているだけで、人はその商品を信用することがよくあります。

読者のみなさんも、これまでの自分の買い物を振り返ってみれば、この2つの要素に大きく影響されていたことが多かった、と思い当たるのではないでしょうか？

ただ、この**エビデンスとパワーを使って商品を販売するには、資金力や社会的信用が必要です。**

前者について言えば、特に科学的な実験で薬剤やサプリメントの効能を証明するには、最低でも数千万円の資金が必要でしょう。顧客の購入や専門家の推薦による実証についても、新商品で上位をとるには大きな広告費が必要となります。

後者について言えば、その性質上、大手企業であればそれだけで非常に有利です。大手というだけで社会的信用が生まれますから、小さな会社とはパワーが比べ物になりません。

つまり、大手企業にしか、このエビデンスやパワーを使った売り方はできないのです。

## 同じ条件で戦える土俵を選べ！

では、小さなネット通販会社が、エビデンスやパワーを使って商品を売り出すのは難しい？　実は、そのとおりです。そのため、**小さな会社はそれ以外の要素を使って、お客さまに影響力を与えていくべき**です。

では、エビデンスとパワーに次いでお客さまに影響を与える要素として、ロバート・B・チャルディーニが挙げているのは何でしょうか？

そう、「ストーリー」と「文化・カルチャーの世界」です。

エビデンスやパワーでは大手企業に有利なので、たとえ中小企業がこれらを重視したとしても、大手企業の参入ですぐに負けてしまいます。しかし、**ストーリーや文化・カルチャーの世界ならば、小さな会社でも大手企業相手に同じ条件で戦うことができます**。

たとえば、アップル社の製品を考えてみてください。新しいiPhone《アイフォン》が出たときに、アップルファンの方が、他社のスマートフォンと性能や価格を比べて購入したりするでしょうか？

もしアップル社が「普通」の会社であれば、こんな具合の謳い文句を使うでしょう。

「私たちはすばらしいコンピューターをつくっています。ファッショナブルなデザイン、操作はシンプルでユーザーフレンドリー。どうですか？」と。

しかし、アップル社はこう提案します。

「私たちは世界を変えられると信じています。そして、常に既存の考え方とは違う考え方をします。世界を変えるために美しいデザイン、かつ機能性に優れた製品を世に送り出そうと努力するうちに、今回このような製品ができ上がりました。おひとついかがですか？」と。

私もそうですが、アップルファンの人の選択肢はiPhoneだけでしょう。きっと、他社のスマートフォンは眼中にありません。実際、私も性能や機能、価格などで他社製品と比較したことは一度もありません。恐らくは、探せばiPhoneよりも性能のよいスマートフォンもあるとは思いますが、たとえそれでも私はiPhoneを選びます。

これは、もちろんアップル社のネームバリューやブランドの影響もあると思いますが、多くの人がアップルという会社の創業ストーリーや、創業者のスティーブ・ジョブズのものづくりやデザインにかける情熱、想い、行動などに共感し、「アップル社の商品がほしい」と強烈に思っているためです。

これが、ストーリーと文化・カルチャーの世界の力を示す、代表的な事例だと思います。

## UVPが相対比較を遠ざける

そして、小さな会社が重視すべきこの**「ストーリー」と「文化・カルチャーの世界」を具体化したものこそがUVP**です。

すでに見たように、UVPでは社長の世界観や価値観をストーリー（物語）の形で語ります。社長や会社の「生き様」や「らしさ」から構成されているストーリーをとおして、価値観で引き寄せ、見込み客に共感してもらって、世界観で商品やサービスを買ってもらうという結果（行動）に導くのです。

UVPを明確にすることで、「文化・カルチャーの世界」を構築できますから、その世界観や価値観に共感するファンをつくれます。アップルファンの例で示したように、**世界観や価値観に共感したお客さま（ファン客）は、価格や性能について他社商品との比較をしません。**相対比較ではなく、比較対象がない「絶対比較」になり、唯一無二の価値をつくり出せるのです。

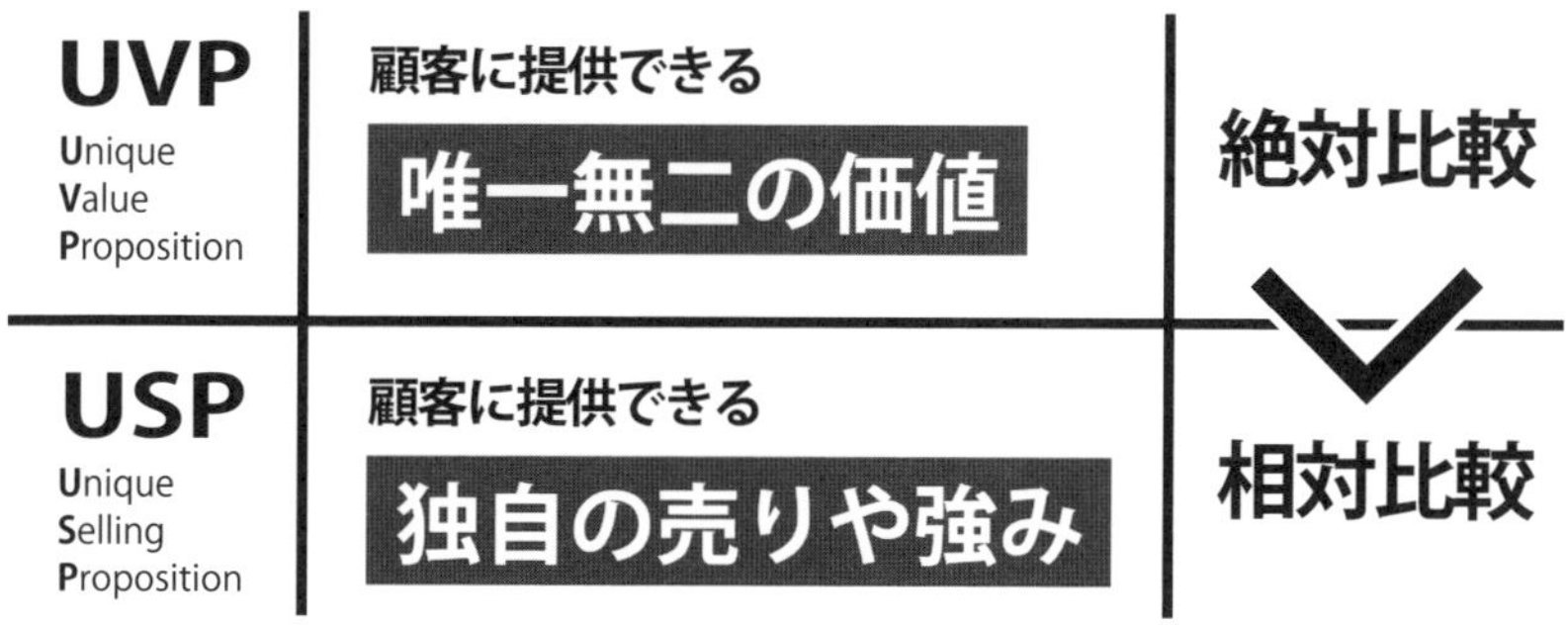

| | | |
|---|---|---|
| **UVP**<br>**U**nique<br>**V**alue<br>**P**roposition | 顧客に提供できる<br>**唯一無二の価値** | 絶対比較 |
| **USP**<br>**U**nique<br>**S**elling<br>**P**roposition | 顧客に提供できる<br>**独自の売りや強み** | 相対比較 |

だからこそ、ＵＶＰは小さな会社の戦いをサポートする、最大の武器になる、と私は述べているのです。

## 03 ＵＶＰは誰でもつくれる

### 「完璧超人」でなくても大丈夫

ここまでの解説を読んで、「スティーブ・ジョブズのような想いや情熱、行動力なんて……自分には、そこまでのものは備わっていないのですが……」と不安に感じている方も多いと思います。

ご安心ください。アップル社の事例はあくまで最高の事例として挙げただけであって、**どんな人でも、競争力のあるＵＶＰはつくれます**。ＵＶＰは誰もが持っているものですから、自分の中で勝手にハードルを上げる必要はありません。

そもそもUVPとは、人が持つ価値観や世界観そのものですから、**持っていない人はいません**。それでも、「自分の価値観や世界観はちっぽけだ。共感して、ファンになってくれる人なんているのか?」と不安に思ってしまうかもしれませんが、その心配も無用です。

たとえば読者のみなさんには、小説や映画のキャラクターに共感した経験がないでしょうか? そのとき、どんなキャラクターに共感したか思い出してみてください。

スーパーマンのように何でもできる万能のヒーローに共感する人は、それほどいないはずです。むしろ、何をやらせても中途半端な若者が、それでも夢をあきらめきれずに一生懸命に理想を追いかけ続ける姿とか、思うようにいかない現実の中で思い悩む中年男性(女性)とか、決して完璧ではないキャラクターにこそ共感するのではないでしょうか?

それは、そのほうがリアリティがあるからこそ、自分を重ねて共感するのです。

**みなさんが「ちっぽけ」だと思う自分自身の体験やストーリーだからこそ、むしろリアリティを感じさせ、より多くのお客さまの共感を得ることができます**。UVPをつくるために、「完璧超人」になる必要はまったくないのです。

たとえ成り行きで始めたネット通販ビジネスであっても、UVPをつくることは可能です。私がクライアント企業にコンサルティングを行う際にも、最初は「UVPなんてつくれるほど、私は大した人間ではないですよ」と決めつけてしまう方が多いのですが、私は「大した人間ではないからこそ、多くの人に共感されるUVPをつくれます」と答えています。そして**実際、誰でもつくることができる**のです。

## 創業社長が直接やらない場合はどうすればいい？

なお、ＵＶＰについてはこんな質問を頂くこともよくあります。

「社長の自分が直接やるのではなく、担当の社員にネット通販ビジネスをさせたい場合には、ＵＶＰはどうつくればいいでしょうか？」

「私は創業社長ではなく、２代目のサラリーマン社長（雇われ社長）なのですが、この場合のＵＶＰは私の立場でつくればいいのですか？　それとも、創業社長の考えを反映させればいいのでしょうか？」

これらの場合の正解は、**創業社長のＵＶＰと、担当社員やサラリーマン社長のＵＶＰを両方つくったうえで、商品コンセプトの練り込みの際にどちらのＵＶＰにも共通する要素を投影させるようにする**ことです。

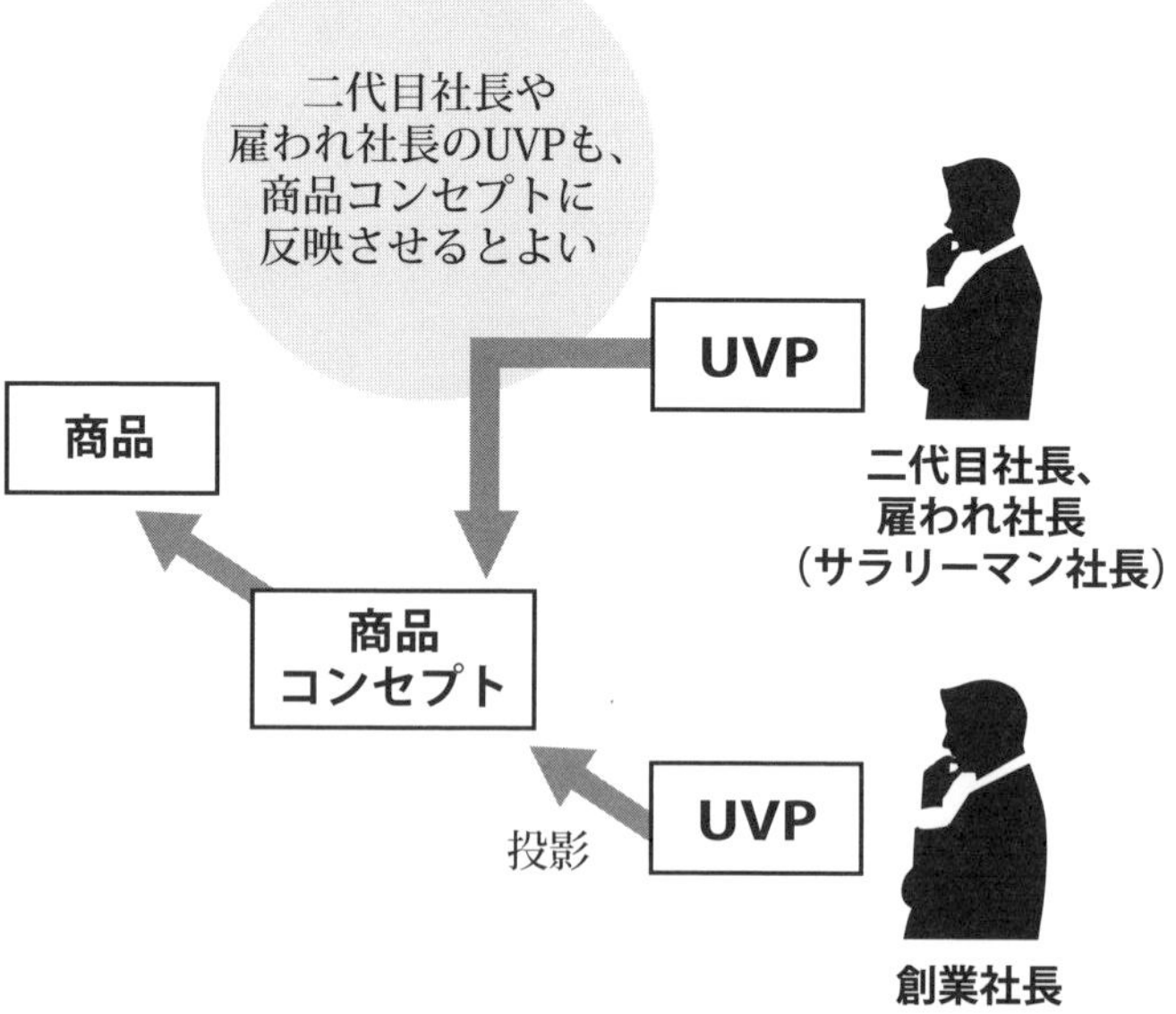

創業社長のＵＶＰを担当社員やサラリーマン社長が語ると、「やらされている感」が出てしまいますし、違和感も出てしまいます。何より担当社員やサラリーマン社長自身が「作業」として取り組んでしまうので、やりがいも生まれづらく、長続きしません。

そうではなく、担当社員やサラリーマン社長のＵＶＰも一部を商品コンセプトの設計に反映させてあげれば、担当社員やサラリーマン社長もテンションが高い状態で、「作業ではなく自分事」としてネット通販ビジネスに取り組めますし、自身の「あり方」が商品のコンセプトにも入ってくるので、モチベーションも高くなります。

当然、離職の防止にも役立ち、人手不足を解消する助けにもなるでしょう。

これが、創業社長ではなく、担当社員やサラリーマン社長がネット通販ビジネスを行う際のコツです。**関係者の全員にやりがいを創出できるよう意識することで、成功しやすくなる**のです。

# 04 まずは「9マス自分史の箱」を埋めて、UVPの骨組みを組み立てる

## 3つの手順で無意識の部分まで引き出す

ここまでの説明で、小さなネット通販会社にとってUVPを構築することがいかに重要なのか、また、いかにメリットがあることなのか理解して頂けたと思います。早速、ここからはUVPを実際につくっていく方法を解説しましょう。

前述のとおり、UVPの5つの構成要素（「誰が言うのか？」、「何を言うのか？」、ストーリー、ギフト、世界観）をすべて埋めてあげれば、自然に競争力のあるUVPができ上がります。

しかし、これらの要素をいきなり「つくってください」と言われても、なかなか難しいでしょう。なぜなら、**結果や利益から逆算してしまったり、左脳的なロジカルな思考が「素のあなた」を表現するのを邪魔したりしてしまう**からです。

これでは、より自分自身の本質に近いUVPはつくれません。

そこで、次の3つの手順に沿ってUVPをつくり込んでいきます。

**手順1　「9マス自分史の箱」を完成させる**
**手順2　UVPを構文化する**
**手順3　UVPの構文に合った「ストーリー」を4段構成で作成する**

この手順に沿って進めていけば、誰でも、いつの間にかUVPを完成させられるでしょう。

## 「9マス自分史の箱」とは何か？

UVPを構成する5つの要素を完成させるための便利なツールが、「**9マス自分史の箱**」です。自分でも気づかなかった自身の考えや価値観を浮き彫りにできるため、「**パンドラの箱**」と呼ぶこともあります。次ページの図がその「9マス自分史の箱」で、①～⑨の順に書き込んでいきます。

この部分は、グループワークで実際に私（西村）とクライアントのAさんが会話しながら、「9マス自分史の箱」を埋めていく様子を再現しつつ、それぞれの枠の役割や埋め方を解説していきましょう。そのほうが、どうすればすべての枠を埋められるのか、疑似体験できると思うからです。

なお、9マス自分史の箱の台紙は、本書発行元のすばる舎のホームページからもダウンロードできるようにしておきます。活用してください。

**▼株式会社すばる舎　http://www.subarusya.jp/　「読者さま向けサービス」より**

| 過去（ミッション） | 現在（世界観） | 未来（ビジョン） |
|---|---|---|
| 栄光<br>挫折<br>② | 大切にしている考え方<br>生き様<br>④ | チームから見たビジョン<br>⑦ |
| 教訓<br>らしさ<br>③ | チームから見た大切にしている考え方（価値観）<br>⑥ | ビジョン<br>「○○を△△する」<br>ビジョン<br>① |
| チームから見た印象<br>⑤ | ベネフィット&ギフト<br>「△△△になるための」<br>「□□□になるサービス」<br>⑨ | ビジョンの共有<br>「○○○にとって」<br>⑧ |

※⑤⑥⑦は一貫性があること

## 最初に枠①「ビジョン」を埋める

■西　村：早速、「9マス自分史の箱」に取り組んでいきましょう。まず①の枠ですが、ここにはあなた自身が考える「ビジョン」を書き込みます。例文がすでに記述してあるように、「○○を△△する」という形で書き込んでいきます。

なお、ここで言う「ビジョン」とは「**将来達成したい理想の姿や目標、志**」などのことです。すでに企業の経営理念があるのであれば、その経営理念とも根幹でつながっていくものになるはずです。簡単に言えば、「**自分の墓石に書かれたい言葉**」です。ちなみに私の場合は、「小売業の変革を通販で実現する」です。

ビジョンは、論理的に左脳で深く考えるとかえって出にくくなります。無責任に、適当に、ブレインストーミングをするつもりでいくつかのキーワードを書き出し、そこから絞り込んでいくとよいでしょう。あなたのビジネスの中核をなすテーマについて考えながら、気楽に書き込んでみてください。

■Aさん：私の場合は、ネットで受注する「通販ライター」が本職ですから、「ライティング業界に革命を起こす」とか、「世界中を感動の渦で包み込む」といった感じでいいのですか？

■西　村：そうですね。Aさんが人生を賭して成し遂げたいことを書いてみてください。

■Aさん：わかりました。

■西　村：なかなかイメージが湧かない場合は、次の４つの質問に答えていくと、ビジョンを表現するためのキーワードが出てくるはずです。

**Q１**：あなたが「これなしには生きられない！」と思うほど、夢中になっていることや大切に想っているものは何ですか？

**Q２**：あなたの時間やエネルギーの注ぎ方で、周りの人に驚かれたり、ドン引きされたりしてしまうのはどんなシーンですか？

**Q３**：ちょっとした風邪や体調不良が吹き飛ぶくらい、あなたが情熱的に熱く語れることはどんなことですか？

**Q４**：あなたが「これはありえない！」と思わずイライラしてしまうのは、どのような商品・サービスに触れたときですか？　本当はどうあってほしいですか？

重要なのは、**いま現在の仕事の内容や現状に関係なく、ご自身が大切にしていることをベースに考える**ことです。ビジョンの内容は、いま現在の仕事の内容に関係していても、していなくてもかまいません。あなたが、人生を賭してやりたいことを書いてみてください。

……

■Ａさん：できました！　私のビジョンは「しがらみの多い人を救う」にしました（左図参照）。

| 過去（ミッション） | 現在（世界観） | 未来（ビジョン） |
|---|---|---|
| 栄光<br>挫折<br>② | 大切にしている考え方<br>生き様<br>④ | チームから見たビジョン<br>⑦ |
| 教訓<br>らしさ<br>③ | チームから見た大切にしている考え方（価値観）<br>⑥ | ビジョン<br>「○○を△△する」<br>**しがらみの多い人を救う**<br>ビジョン<br>① |
| チームから見た印象<br>⑤ | ベネフィット＆ギフト<br>「△△△になるための」<br>「□□□になるサービス」<br>⑨ | ビジョンの共有<br>「○○○にとって」<br>⑧ |

※⑤⑥⑦は一貫性があること

■西　村：「しがらみの多い人を救う」ですか。なかなかいいですね。これは、どういう意味ですか？

■Aさん：自分の思いどおりに人生を歩めている人って、そんなにいないと思うんです。むしろ、仕事や家庭のことで悩んだり、本当はやりたいことがあるけど、さまざまなしがらみに囚われて思うように動けなかったりする人のほうが、世の中には多い気がするんです。

私には、そうした人たちのお金や環境などについて現実的な支援をすることはできません。しかし、私は通販ライターなので、文章の力でしがらみの多い人の心というか、精神面を救うことはできるかな、と思ったんです。

たとえば、私が書いた物語に共感して感動して泣いて、それで日ごろのストレスが解消されたり、なんだか精神的に楽になってくれたりしたら嬉しいじゃないですか？　人生を通じて、そういった活動をしていきたいと思ったので、このビジョンにしました。

■西　村：いいじゃないですか！

■Aさん：ちょっと恥ずかしいですね……（笑）

■西　村：自分の内面を人にさらけ出しているわけですからね。普段、こういった機会はあまりないと思います。いい機会なので、全部さらけ出していきましょう。

■Aさん：わかりました。

## 過去の人生を振り返って枠②「栄光、挫折」を埋める

■西　村：次に左上に移って、②の枠に「自分史の中での栄光と挫折」を記入します。自分のこれまでの人生の中で、もっとも成功したこと（＝栄光）と、もっとも失敗したこと（＝挫折）を書き出すのです。箇条書きでも大丈夫です。難しい場合は、次の3つの質問に答えてキーワードを出してみましょう。

**Q5**：これまでの人生で楽しかったことや心からの喜びを感じたこと、感動したことなど、ポジティブな体験（栄光）のベスト3は何ですか？

**Q6**：これまでの人生でつらかったことや苦しかったこと、悲しかったことなどネガティブな体験（挫折）のワースト3は何ですか？

**Q7**：あなたの感情が大きく揺さぶられたり、力が湧き出るのはどんなときだと思いますか？

■Aさん：うーん……僕は、人生で成功したことはまだ一度もないんですが……。そういった場合にはどうすればいいのでしょう？

■西　村：そんなはずはないですよ。小さいころに褒められたこととか、何かちょっとした賞をもらったこと、あるいは文化祭の主役に抜擢されたなんていうのも1つの成功ですよね。このように、何でもいいから挙げてみてください。

**あなたの人生の一部を切り取る**ことが重要です。自分の人生の棚卸しにもなりますしね。

■Aさん：……。

■西　村：難しいですか？　４つの質問に触れても答えが出せませんか？

■Aさん：はい。自分の人生の中で、成功した経験は少なすぎて思い浮かびません。逆に、失敗は多すぎて、どれを書けばいいのかわからなくなってしまいました。

■西　村：そうですか。では、自分の人生を「マッピング」してみましょう。

■Aさん：**人生のマッピング**ですか？　それは、どんなものですか？

■西　村：言葉で説明するより、実際にやってみたほうが早いでしょう。これは、経営コンサルタント・作家の神田昌典氏に教えて頂いた手法です。ここではエッセンスだけを紹介しますので、より詳しく知りたい場合には、同氏の著書『ストーリー思考　「フューチャーマッピング」で隠れた才能が目覚める』（ダイヤモンド社）などを参考にしてみてください。

　さて、まずはA３サイズの真っ白な紙を用意します。次に、このA３の紙に下図のような２本線を入れて３等分します。

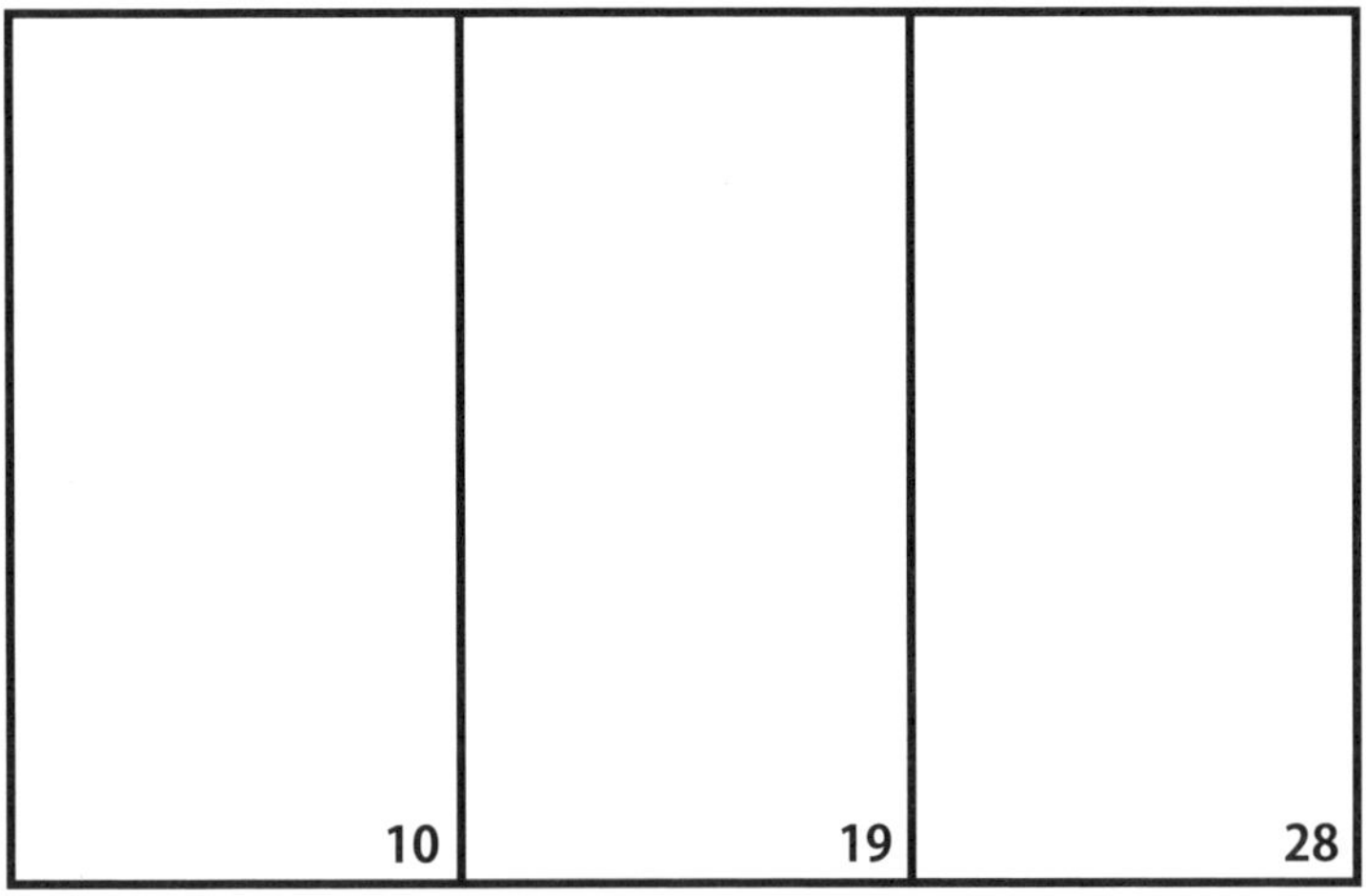

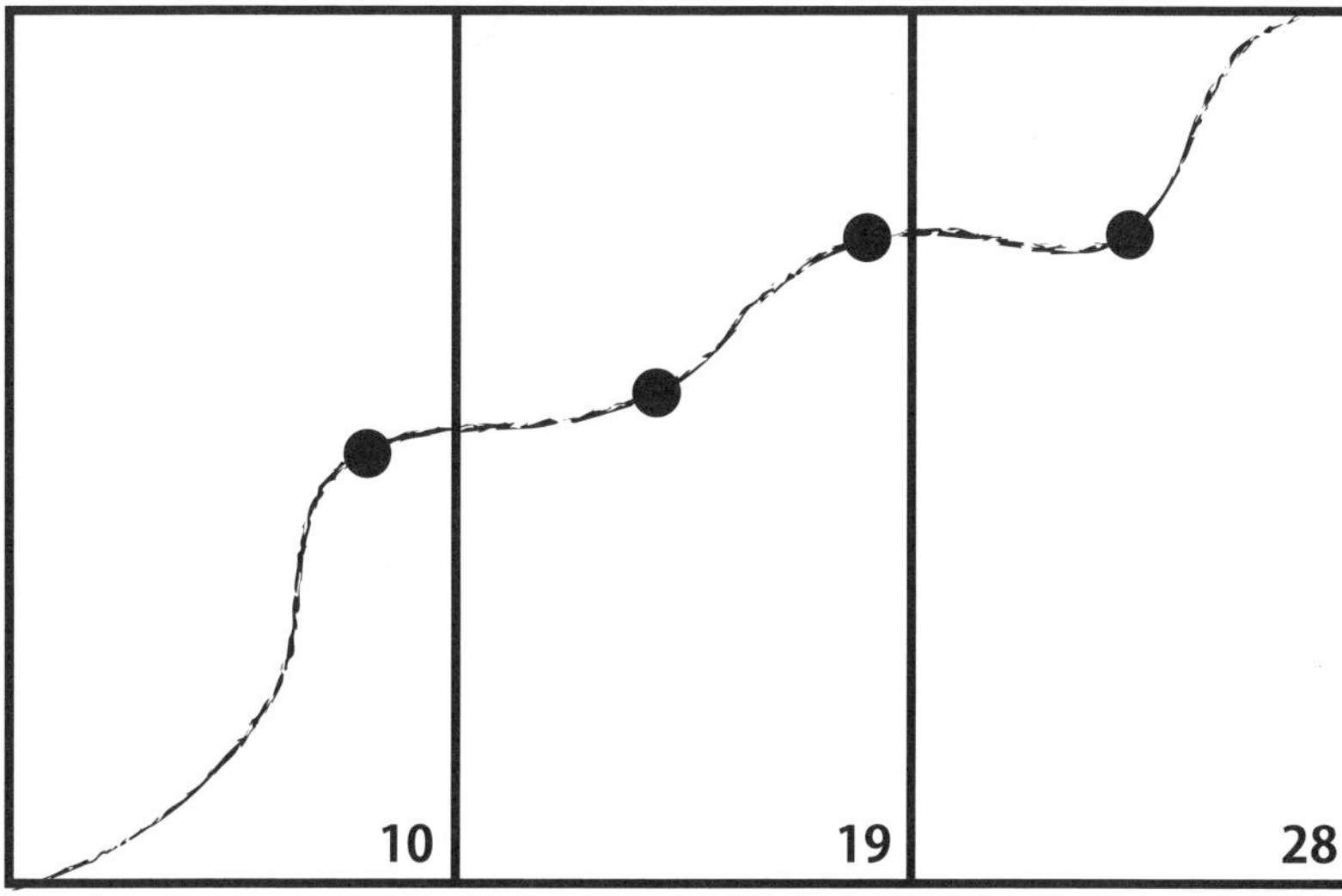
10
19
28

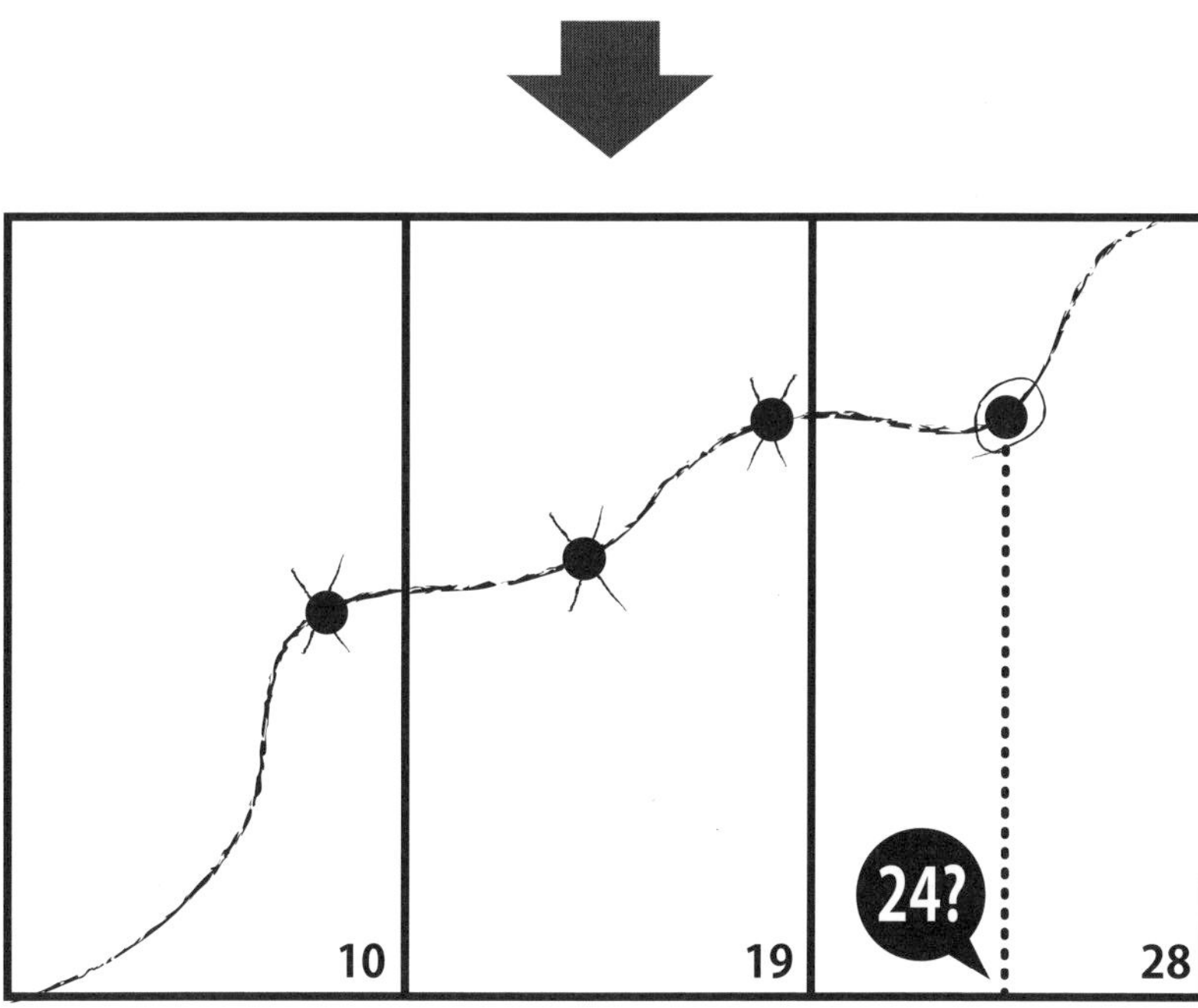
24?
10
19
28

そして、用紙の一番右下にいまの年齢を書き込み、2本線で3分割されたうち左2つの部分の右下にも、現在の自分の年齢を3等分した年齢をそれぞれ書き込みます（100ページ図参照）。
ここまでできたら、あえて利き手ではないほうの手でペンを持ち、用紙の一番左下の角から、でこぼこな線を自由に右上の角に向かって書いていきます。そして、その凸凹の中から、なんとなく気になる箇所を4つ選んで点を打ちます（前ページ上図参照）。

……

■Aさん：できました。
■西　村：では、その4つの点の中から、一番気になる点を1つだけ残してあとは消しましょう。
■Aさん：できました（前ページ下図参照）。
■西　村：残した点の箇所は、だいたい何歳ぐらいですか？
■Aさん：24歳ぐらいですね。
■西　村：では、その24歳あたりで成功したことや挫折したことを思い出して、9マス自分史の箱に書き出してみてください。
■Aさん：わかりました……24歳だと、社会人2年目だから……。
■西　村：このように、人生のある一点に焦点を絞ることで、ずっと考えやすくなるはずです。何でもいいので、無責任に書き出してみることがポイントです。

……

■Aさん：できました！　左図のように3つずつ挙げました。

| 過去（ミッション） | 現在（世界観） | 未来（ビジョン） |
| --- | --- | --- |
| **栄光**<br>■会社で敢闘賞を授賞した<br>■結婚式の余興で動画作成と瓦割りの企画を行い大ウケする<br>■同期の送別会で動画作成を行い感動させる<br>**挫折**<br>■会社での自分の存在に違和感を覚える<br>■投資に手を出し、初めて借金を抱える<br>■上司がフランス人になり英語でのコミュニケーションに心が折れる ② | **大切にしている考え方**<br>生き様 ④ | **チームから見たビジョン** ⑦ |
| **教訓**<br>らしさ ③ | **チームから見た大切にしている考え方（価値観）** ⑥ | **ビジョン**<br>「○○を△△する」<br>**しがらみの多い人を救う**<br>ビジョン ① |
| **チームから見た印象** ⑤ | **ベネフィット＆ギフト**<br>「△△△になるための」<br>「□□□になるサービス」 ⑨ | **ビジョンの共有**<br>「○○○にとって」 ⑧ |

※⑤⑥⑦は一貫性があること

■西　村：結構よい感じで書けているじゃないですか。このように、自分で成功だと思っていないだけで、誰でも成功体験の1つや2つは絶対にあるものですよ。

■Aさん：ちなみに、24歳ではなく違う年齢を選んでいたら、どうなっていたんですか？

■西　村：やることは同じです。その年齢周辺での栄光と挫折を書き出していくだけです。

■Aさん：24歳を選んだのは偶然なんですが、そんなに適当な選び方でいいのでしょうか？　これがUVPの元となるのであれば、もっと慎重に年齢を選んだほうがいいのでは……？

■西　村：大丈夫です。なぜなら、**人間というのは生まれてから現在まで、無意識に同じようなパターンで成功と挫折を繰り返して生きているもの**だからです。24歳前後の栄光と挫折であっても、13歳前後の栄光と挫折であっても、同じようなタイプの成功と挫折を違う形で繰り返しています。ですから、ここで選ぶのはどの年齢でもいいんです。

■Aさん：なるほど。

■西　村：**「結果から逆算して考える」**のは、**このワーク中はやめましょう**。先程も言ったように、**無責任に、リラックスして、適当に取り組むことがポイント**です。

## 枠③「挫折から得た教訓」を埋める

■西　村：さて、人生の「栄光、挫折」を抜き出すことができたら、次は、その挫折から得た「教訓」で枠③を埋めていきます。

| 過去（ミッション） | 現在（世界観） | 未来（ビジョン） |
|---|---|---|
| **栄光**<br>■会社で敢闘賞を授賞した<br>■結婚式の余興で動画作成と瓦割りの企画を行い大ウケする<br>■同期の送別会で動画作成を行い感動させる<br>**挫折**<br>■会社での自分の存在に違和感を覚える<br>■投資に手を出し、初めて借金を抱える<br>■上司がフランス人になり英語でのコミュニケーションに心が折れる<br>② | **大切にしている考え方**<br>生き様<br>④ | **チームから見たビジョン**<br>⑦ |
| **教訓**<br>らしさ<br>**何事も最後までやりきり完全燃焼する**<br>③ | **チームから見た大切にしている考え方（価値観）**<br>⑥ | **ビジョン**<br>「○○を△△する」<br>**しがらみの多い人を救う**<br>ビジョン<br>① |
| **チームから見た印象**<br>⑤ | **ベネフィット＆ギフト**<br>「△△△になるための」<br>「□□□になるサービス」<br>⑨ | **ビジョンの共有**<br>「○○○にとって」<br>⑧ |

※⑤⑥⑦は一貫性があること

Aさんの場合は、挫折は「会社での自分の存在に違和感を覚える」「投資に手を出し、初めて借金を抱える」「上司がフランス人になり英語でのコミュニケーションに心が折れる」ですね。ここから学んだ教訓は何でしょうか？

■Aさん：教訓ですか？

■西　村：そうです。失敗したときって、次は失敗しないように反省するでしょう？　たとえば、「投資に失敗して借金を抱えた」という失敗からは、「うまい話には乗らない」などと、次も同じ失敗を繰り返さないように反省すると思います。このような教訓を書き出してみるのです。

……

■Aさん：そうですね……できました。前ページの図のとおりです。

■西　村：ふむ。これはどういうことか、説明してもらえますか？

■Aさん：はい。枠②で挙げた3つの挫折に共通しているのは、「行動が中途半端だったがために失敗している」ということです。

説明すると、「会社での自分の存在に違和感を覚える」は、会社の仕事をしつつ中途半端に副業にも手を出してしまい、結果として会社の仕事が疎かになり、だんだん職場に居づらくなってしまったのです。また、「投資に手を出し、初めて借金を抱える」は、いま考えても悪くはない投資先だったので、よく考えて自分が動けば損をせずに済んだものを、中途半端にほったらかしにしてしまったために損をしてしまったのです。「上司がフランス人になり英語でのコミュニケーションに心が折れる」というのも、実際には英語を学ぶチャンスだったにもかかわらず、英語の勉強を中途半端に放置してしまったためにコミュニケーションがうまくとれなかっただけです。

どれも、自分が情熱を持って最後までやりきっていれば、失敗しなくて済んだかもしれません。この経験から、「何事も最後までやりきり完全燃焼する」という教訓が得られたと思います。

■西　村：なるほど。私も中途半端に成功するより、最後までやりきって失敗したほうがまだいいと考えます。これらの挫折から、そういった教訓を得たんですね。

■Aさん：そうです。意外と、こうやって人生を振り返る時間というのはなかなかないので、自分のことながら新しい発見が結構ありますね。

■西　村：そうでしょう。**自分のことは、意外にも自分自身が一番知らない**ものなのです。

## 教訓から、枠④「現在大切にしている考え方」を埋める

■西　村：では、次は④の枠に、自分がいま現在、「大切にしている考え方」や価値観を書き出してみましょう。

■Aさん：考え方や価値観というと？

■西　村：たとえば、先程の教訓にもあった「何事も最後までやりきり完全燃焼する」というのも、Aさんが大切にしている考え方や価値観の1つですね。そこから連想して、同じようなものをいくつか箇条書きで書き出してください。いくつ挙げて頂いてもいいですよ？

■Aさん：うーん。

| 過去（ミッション） | 現在（世界観） | 未来（ビジョン） |
|---|---|---|
| **栄光**<br>■会社で敢闘賞を授賞した<br>■結婚式の余興で動画作成と瓦割りの企画を行い大ウケする<br>■同期の送別会で動画作成を行い感動させる<br>**挫折**<br>■会社での自分の存在に違和感を覚える<br>■投資に手を出し、初めて借金を抱える<br>■上司がフランス人になり英語でのコミュニケーションに心が折れる<br>② | **大切にしている考え方**<br>■何事も最後までやりきり完全燃焼する<br>■何事も仁義礼徳を貫く<br>■いい意味で吹っきれる<br>■情熱を持って取り組む<br>■生活にメリハリをつける<br>■ワクワクする仕事をする<br>生き様<br>④ | **チームから見たビジョン**<br>⑦ |
| **教訓**<br>**何事も最後までやりきり完全燃焼する**<br>らしさ<br>③ | **チームから見た大切にしている考え方（価値観）**<br>⑥ | **ビジョン**<br>「○○を△△する」<br>**しがらみの多い人を救う**<br>ビジョン<br>① |
| **チームから見た印象**<br>⑤ | **ベネフィット＆ギフト**<br>「△△△になるための」<br>「□□□になるサービス」<br>⑨ | **ビジョンの共有**<br>「○○○にとって」<br>⑧ |

※⑤⑥⑦は一貫性があること

■西　村：ここもあまり考えすぎず、ぱっと頭に思い浮かんだキーワードを書き出していけば大丈夫です。

■Aさん：できました。右ページの図のとおりです。

■西　村：いいでしょう。

……

## 枠⑤「チームから見た印象」を埋める　誰かに協力してもらい、

■西　村：では早速、次の枠にいきます。ここから先の3つの枠⑤〜⑦を埋めるには、自分以外の誰かの協力が必要です。いままでの枠には自分自身のことを書いてきましたが、これらの枠では逆に、赤の他人から見てAさんがどう見えるのか、を表現していくからです。

**「他人から見たあなた」という視点は、ビジネスに置き換えれば「お客さまから見たあなた」になります**。だからこそ、この他人からのフィードバックというプロセスは、特に重要になります。

自分のことは自分が一番知っているようで、実は一番知りません。なぜなら、自分が「これが私だ」と理解している性格や印象、イメージなどは全体のごく一部にすぎないためです。たとえば、ほかの人から「お前って本当に頑固だよな」「お前って本当すぐ怒るよな」と、自分では思ってもいなかったフィードバックをされたとき、思わず反発してしまった経験はありませんか？

実は、こういった他人からの無責任なフィードバックのほうが、より自分自身を的確に表している場合が多く、また、このように他人からのフィードバックにときに反発してしまうということは、それだけ、自分の思っている自分像と相手から見た自分像のズレが大きいということを表しています。そういった**ズレをなくし、より本質的なUVPをつくり込んでいくためには、他人からのフィードバックが必要不可欠**なのです。

なお、ここでは私が協力しますが、読者のみなさんの場合には、社員やコンサルタント、同じ立場の経営者仲間、あるいは、あなたのプライベートのことをあまり知らない友人などに協力してもらってください。

■Aさん：よろしくお願いします。

■西　村：他人からのフィードバックを上手に埋めるためのポイントが4つありますから、枠⑤〜⑦に取り組む際には、これらについても意識しておいてください。

- **気兼ねなく意見を言える環境を用意する**
- **他人の無責任なフィードバックを素直に受ける（怒らない）**
- **文字や文章の体裁（文法）に囚われない**
- **結果から逆算して答えを出さない**

| 過去（ミッション） | 現在（世界観） | 未来（ビジョン） |
|---|---|---|
| **栄光**<br>■会社で敢闘賞を授賞した<br>■結婚式の余興で動画作成と瓦割りの企画を行い大ウケする<br>■同期の送別会で動画作成を行い感動させる<br>**挫折**<br>■会社での自分の存在に違和感を覚える<br>■投資に手を出し、初めて借金を抱える<br>■上司がフランス人になり英語でのコミュニケーションに心が折れる<br>② | **大切にしている考え方**<br>■何事も最後までやりきり完全燃焼する<br>■何事も仁義礼徳を貫く<br>■いい意味で吹っきれる<br>■情熱を持って取り組む<br>■生活にメリハリをつける<br>■ワクワクする仕事をする<br>生き様<br>④ | **チームから見たビジョン**<br>⑦ |
| **教訓**<br>らしさ<br>**何事も最後までやりきり完全燃焼する**<br>③ | **チームから見た大切にしている考え方（価値観）**<br>⑥ | **ビジョン**<br>「○○を△△する」<br>**しがらみの多い人を救う**<br>ビジョン<br>① |
| **チームから見た印象**<br>・真面目である<br>・人懐っこい<br>・大人しそうに見えて、内側に熱い闘志を感じる<br>・自分に自信がない<br>・自分のことをよく喋る<br>・いろいろとやりたいことが多い<br>・かわいい<br>⑤ | **ベネフィット＆ギフト**<br>「△△△になるための」<br>「□□□になるサービス」<br>⑨ | **ビジョンの共有**<br>「○○○にとって」<br>⑧ |

※⑤⑥⑦は一貫性があること

■西　村：では、まずは枠⑤の「Aさんの印象」について、私は、Aさんと話していて前ページの図のように感じました。

■Aさん：……なんというか、自分が抱いている自己イメージとは合っていないな、と感じる内容もあるのですが、それはよいのでしょうか？　たとえば「かわいい」って……（汗）

■西　村：いいのです。無責任なフィードバックですから、**偏見が混じっていたり、多少ブレがあったり間違ったりしていても全然いいんです**。むしろ、そうした無責任なフィードバックこそが重要です。

■Aさん：わかりました。……どうしても、既存の常識に囚われてしまいますね（汗）

■西　村：大丈夫です。ほとんどの人が最初はそうですから。

## 枠⑥「チームから見た大切にしている考え方（価値観）」を埋める

■西　村：次に枠の⑥、私から見て、「Aさんが現在、大切にしているのだろうな、と感じる考え方」です。私は、これについては左図のように感じました。

■Aさん：……ありがとうございます。自分で「完全燃焼する」とは言ってはいるものの、確かに「ゆるさ」というのも大事にしている気がします。なんだか、心の奥底を見透かされているようで恐くなりますね……。

| 過去（ミッション） | 現在（世界観） | 未来（ビジョン） |
|---|---|---|
| **栄光**<br>■会社で敢闘賞を授賞した<br>■結婚式の余興で動画作成と瓦割りの企画を行い大ウケする<br>■同期の送別会で動画作成を行い感動させる<br>**挫折**<br>■会社での自分の存在に違和感を覚える<br>■投資に手を出し、初めて借金を抱える<br>■上司がフランス人になり英語でのコミュニケーションに心が折れる<br>② | **大切にしている考え方**<br>■何事も最後までやりきり完全燃焼する<br>■何事も仁義礼徳を貫く<br>■いい意味で吹っきれる<br>■情熱を持って取り組む<br>■生活にメリハリをつける<br>■ワクワクする仕事をする<br>生き様<br>④ | **チームから見たビジョン**<br>⑦ |
| **教訓**<br>らしさ<br>**何事も最後までやりきり完全燃焼する**<br>③ | **チームから見た大切にしている考え方（価値観）**<br>・義理人情に厚い<br>・夢や理想を抱く<br>・情熱を持って仕事に取り組む<br>・高い理想に向かって突き進む<br>・ゆるさ<br>・自由に自分の足で生きる<br>・没頭する<br>⑥ | **ビジョン**<br>「○○を△△する」<br>**しがらみの多い人を救う**<br>ビジョン<br>① |
| **チームから見た印象**<br>・真面目である<br>・人懐っこい<br>・大人しそうに見えて、内側に熱い闘志を感じる<br>・自分に自信がない<br>・自分のことをよく喋る<br>・いろいろとやりたいことが多い<br>・かわいい<br>⑤ | **ベネフィット＆ギフト**<br>「△△△になるための」<br>「□□□になるサービス」<br>⑨ | **ビジョンの共有**<br>「○○○にとって」<br>⑧ |

※⑤⑥⑦は一貫性があること

■西　村：先程もお話しましたが、この他人からのフィードバックは、UVPにお客さま視点を入れるために取り組んでいることです。**お客さまは、実はこういった鋭い視点で、無意識のうちにあなたのビジネスに存在する違和感などをキャッチしている**ものなのです。

■Aさん：なるほど。だからこそ、こういったフィードバックが大切なんですね。

## 枠⑦「チームから見たビジョン」を埋める

■西　村：最後に枠⑦、私から見た「Aさんが持っていると感じるビジョン」は、左の図のとおりです。なお、ここでの「ビジョン」とは、「将来達成したい理想の姿や目標、志」、あるいは「自分の墓石に刻んでほしい言葉」のことでしたね。

■Aさん：シンプルですが、実際、私がやりたいことってこの3つに尽きるのかもしれませんね。納得しました。

■西　村：私は本当に、適当に、無責任に感じたことや思ったことを伝えているだけなのですが、意外にもそうやって生まれたキーワードがストンと腹落ちすることがあるのです。

■Aさん：はい。何度も言われていた「無責任に」という言葉の意味がわかった気がします。

| 過去（ミッション） | 現在（世界観） | 未来（ビジョン） |
|---|---|---|
| **栄光**<br>■会社で敢闘賞を授賞した<br>■結婚式の余興で動画作成と瓦割りの企画を行い大ウケする<br>■同期の送別会で動画作成を行い感動させる<br><br>**挫折**<br>■会社での自分の存在に違和感を覚える<br>■投資に手を出し、初めて借金を抱える<br>■上司がフランス人になり英語でのコミュニケーションに心が折れる<br>② | **大切にしている考え方**<br>■何事も最後までやりきり完全燃焼する<br>■何事も仁義礼徳を貫く<br>■いい意味で吹っきれる<br>■情熱を持って取り組む<br>■生活にメリハリをつける<br>■ワクワクする仕事をする<br>生き様<br>④ | **チームから見たビジョン**<br>・人に夢や理想を語って元気にする<br>・ロマンを提供する<br>・自分独自の世界をつくる<br>⑦ |
| **教訓**<br>**何事も最後までやりきり完全燃焼する**<br>らしさ<br>③ | **チームから見た大切にしている考え方（価値観）**<br>・義理人情に厚い<br>・夢や理想を抱く<br>・情熱を持って仕事に取り組む<br>・高い理想に向かって突き進む<br>・ゆるさ<br>・自由に自分の足で生きる<br>・没頭する<br>⑥ | **ビジョン**<br>「○○を△△する」<br>**しがらみの多い人を救う**<br>ビジョン<br>① |
| **チームから見た印象**<br>・真面目である<br>・人懐っこい<br>・大人しそうに見えて、内側に熱い闘志を感じる<br>・自分に自信がない<br>・自分のことをよく喋る<br>・いろいろとやりたいことが多い<br>・かわいい<br>⑤ | **ベネフィット＆ギフト**<br>「△△△になるための」<br>「□□□になるサービス」<br>⑨ | **ビジョンの共有**<br>「○○○にとって」<br>⑧ |

※⑤⑥⑦は一貫性があること

## マンダラート発想法で枠⑧と枠⑨を埋める

■西　村：枠の①から⑦までが埋まったら、次はその中から共通するキーワードを拾っていきます。

ここでは右脳的な思考を活性化してくれる「**マンダラート発想法**」を使って、枠①～④であなた自身の中から出てきたキーワードと、枠⑤～⑦で他人のフィードバックから拾ってきたキーワードをクラッシュ（合体・衝突）させます。その結果、生き残ったキーワードから、あなたの人生がどういうものなのか信念やモットー、個性などをもっとも的確に表す本当のキーワードを探っていき、最終的にそれらのキーワードから枠⑧と枠⑨を埋めていきます。

まずは「マンダラート発想法」について確認しておきましょう。

これは、デザイナーの今泉浩晃氏によって開発された発想法で、なかなかアイデアが浮かばないときなどに、短期間のうちに1つの物事を深く掘り下げ、思考を深めるとともに多様なアウトプットをたくさん生み出すことができる発想手法です。

さまざまな分野にファンが多い発想法で、**他の発想法に比べても生み出せるアイデアの量や、異なる意見の共有や組み合わせの面で優位性がある**、と報告する学術論文もあります。

マンダラート発想法の基本的な実施法は、次のとおりです。

手順1　発想の出発点となるキーワードを3×3のマスの中心に置く
手順2　中心のキーワードから連想されることを、周りの8つのマスに書き出していく
手順3　新たに書き出した8つのキーワードを、それぞれ新たな3×3のマスの中心に置く
手順4　それぞれ中心のキーワードから連想されることを、再び周りのマスに書き出していく
手順5　必要なだけ手順1～4を繰り返す

「9マス自分史の箱」の枠⑧と⑨を埋めるためには、この基本的な実施法を少しアレンジして使います。枠⑤～⑦で文字化した「他人の頭の中にあるキーワード」をうまく利用し、偏ったアイデアや視点に依存しないキーワードをつくり出すのに使うのです。

■Aさん：自分や自社のUVPをつくるために、あえて他人の頭から出てきたキーワードを使うのにも、何か意味があるんでしょうか？　ともすれば、自分のイメージとは遠く離れた言葉やキーワードになることもありそうで、不安なのですが……。

■西　村：大丈夫です。**人間は無意識のうちに自分のイメージに近いキーワードを選びますので、一度イメージから外れたキーワードを選択しても、またイメージに近いキーワードに戻ってきます。**

また、自分の頭の中から出てきたキーワードに、あえて他人の頭から出てきたキーワードを掛け合わせることには、**自分だけでは創造できない、思いもよらないキーワードを生み出せる**、という意味もあります。自分の思考の枠を越えることができるという、大きなメリットがあるんです。

私はこの過程を指して、「クラッシュさせる」と呼んでいます。

■Aさん：なるほどです。では、具体的な手順を教えてください。
■西　村：次の1～7の手順で行っていきます。

手順1　自分が考える自分の印象を、端的に表すキーワードをつくる（枠③から）
手順2　相手が見た自分の印象を、端的に表すキーワードをつくる（枠⑤から）
手順3　手順1、2でつくったそれぞれのキーワードから、気になるキーワードを1つずつ、あるいは2つずつ選び、それぞれ3×3のマスの中心に置く
手順4　それぞれ中心のキーワードから連想されることを、周りのマスに書き出していく
手順5　書き出した8個を含めた9個のキーワード2セット（手順3で2つずつ選んでいた場合には4セット）から、それぞれ2つずつキーワードを選ぶ（合計4つ、あるいは8つ）
手順6　枠④と⑥、枠①と⑦についてもこれを繰り返す
手順7　最後まで残ったキーワードを使って、文章をつくっていく

## 【「らしさ」を示すキーワードを探す】

■西　村：実際にやってみましょう。まずは、枠③の挫折から得られた「教訓」に書き込んだ、「何事も最後までやりきり完全燃焼する」を、端的に表すキーワードを1つ抽出してみてください。
■Aさん：そうですね、「完全燃焼」でしょうか。
■西　村：次に、枠⑤の「チームから見た印象」からもキーワードを抽出します。

私がフィードバックしたのは、「真面目である」「人懐っこい」「大人しそうに見えて、内側に熱い闘志を感じる」「自分に自信がない」「自分のことをよく喋る」「いろいろとやりたいことが多い」「かわいい」でしたね。ここからもキーワードを拾っていきます。キーワードをつくりにくい場合は、それぞれの言葉を言い換えてみるといいでしょう。

■Aさん：次の6つですかね。「かわいい」は切りました（笑）

**真面目　／　人懐っこい　／　闘志　／　自信がない　／　よく喋る　／　多動的**

■西　村：いいでしょう。次に、いったんキーワードを厳選します。ここでは、それぞれに1つずつキーワードを選んでみましょう。より検討の幅を広げたい場合には、それぞれ2つずつ選んでもらってもかまいません。

枠③のキーワードは「完全燃焼」でもともと1つですから、枠⑤の6つのキーワードから、自分がもっともピンと来るキーワードを1つ選んでください。

■Aさん：う〜ん、「闘志」ですかね。

■西　村：では、「完全燃焼」と「闘志」をそれぞれ「3×3のマス」の中心に置きます（次ページ図参照）。

| | | |
|---|---|---|
| | | |
| | 完全燃焼 | |
| | | |

| | | |
|---|---|---|
| | | |
| | 闘　志 | |
| | | |

続いて、中心のキーワードから連想できるキーワードを、それぞれ周りのマスに書き出していきます。あまり考え込まずに、パッと思いついたキーワードを書き入れていくようにしてください。

……

■Aさん：はい……できました。次ページの図のとおりです。

■西　村：これで、いったん厳選したキーワードを再び拡げることができました。もう一度厳選します。枠③から拡げたキーワードと、枠⑤から厳選して再度拡げたキーワードから、それぞれ「自分の印象を表しているな」ともっとも感じるキーワードを2つずつ抜き出しましょう。

■Aさん：「完全燃焼」と「情熱」、「熱い」と「爆発」ですね。

■西　村：いいでしょう。この4つが、枠③と枠⑤をクラッシュさせて生き残ったキーワードです。このキーワードは、Aさんの**「らしさ」、個性を表している**と考えてください。

■Aさん：確かに、そう言われるとどれも私らしい言葉だと思います。

## 【「生き様」を示すキーワードを探す】

■西　村：同じように、枠④と枠⑥から抽出したキーワードをクラッシュさせます。

Aさんの場合は、枠④の「現在大切にしている考え方」に、「何事も最後までやりきり完全燃焼する」「何事も仁義礼徳を貫く」「いい意味で吹っきれる」「情熱を持って取り組む」「生活にメリハリをつける」「ワクワクする仕事をする」の6つが箇条書きにされています。これらを、端的に表すキーワードをつくってください。いくつでもいいですよ。

| | | |
|---|---|---|
| ゴール | エネルギー | 情　熱 |
| 完　遂 | 完全燃焼 | 燃　料 |
| 生き様 | 不完全燃焼 | 命 |

| | | |
|---|---|---|
| 剣 | 仕　事 | 熱　い |
| バチバチ | 闘　志 | 牛 |
| 太　陽 | 爆　発 | 秘　密 |

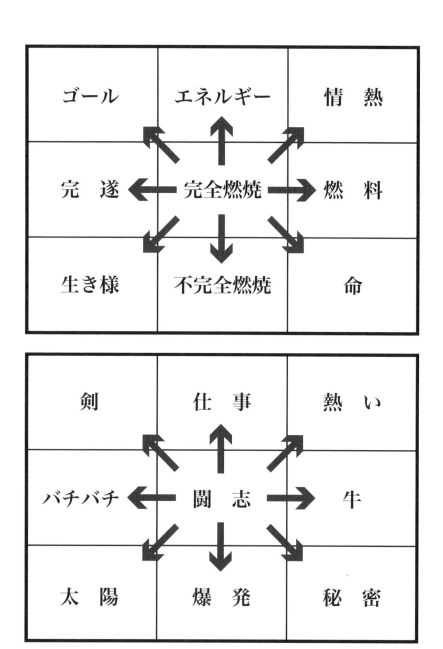

■Aさん：次の7つですかね。

**完全燃焼　／　仁義礼徳　／　吹っきれる　／　情熱　／　メリハリ　／　ワクワク　／　仕事**

■西　村：他人の視点を表す枠⑥の「チームから見た（Aさんが）大切にしている考え方」には、「義理人情に厚い」「夢や理想を抱く」「情熱を持って仕事に取り組む」「高い理想に向かって突き進む」「ゆるさ」「自由に自分の足で生きる」「没頭する」の7つが記入してありますね。これまでと同様に、ここからキーワードを抜き出していきます。数が多いので、いくつかをまとめて表すキーワードのほうがいいかもしれませんね。

■Aさん：では、次の7つです。

**義理人情　／　夢　／　理想　／　情熱　／　仕事　／　ゆるさ　／　自由**

■西　村：枠④と枠⑥から抽出したキーワードを厳選しましょう。今回は数が多いので、それぞれ2つずつ、合計4つ選んでみましょうか。

■Aさん：枠④からは「情熱」と「ワクワク」、枠⑥からは「夢」と「理想」を選びます。

■西　村：では、「3×3のマス」を4つつくって、それぞれのキーワードを中心に置きましょう。そうすると、次ページ図のようになりますね。

| | | |
|---|---|---|
| | | |
| | 情熱 | |
| | | |

| | | |
|---|---|---|
| | | |
| | ワクワク | |
| | | |

| | | |
|---|---|---|
| | | |
| | 夢 | |
| | | |

| | | |
|---|---|---|
| | | |
| | 理想 | |
| | | |

| | | |
|---|---|---|
| バラ | メラメラ | 赤い |
| 原動力 | 情熱 | 牛 |
| 力 | 速い | まっすぐ |

| | | |
|---|---|---|
| ロマン | 希望 | お金 |
| 小説 | ワクワク | ストーリー |
| 虹 | 光 | 未知 |

| | | |
|---|---|---|
| 幻想 | 追いかける | 叶う |
| 現実 | 夢 | 努力 |
| 本音 | まっすぐ | 成功 |

| | | |
|---|---|---|
| 広大 | 自由 | 女性 |
| 虹 | 理想 | お金 |
| 空想 | 高い | 目標 |

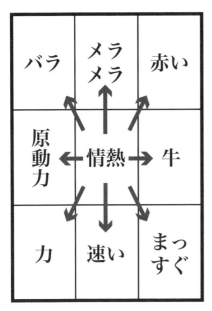

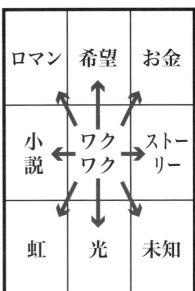

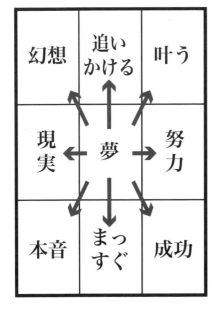

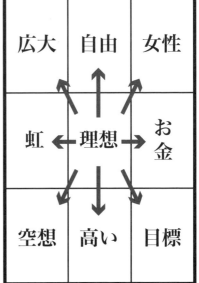

■Aさん：前回と同じように、この空欄をすべて埋めればいいわけですね。
■西　村：そうです。

…　…　…

■Aさん：前ページの図のようになりました。数が多いと、同じ言葉が何度か出てきてしまいますね。
■西　村：それでもかまいません。では、拡げたキーワードを、再度厳選しましょう。この36個のキーワードの中から、各枠それぞれ2つずつ好きな言葉を選んでください。全部で8個ですね。
■Aさん：では、「赤い」「情熱」、「ロマン」「ストーリー」、「夢」「まっすぐ」、「空想」「自由」にします。
■西　村：これらが、枠④と枠⑥の要素を組み合わせてクラッシュさせた結果、生き残ったキーワードです。こちらは、Aさんの**「生き様」を端的に表す言葉**だと言えるでしょう。
■Aさん：これも納得です。

**【「ビジョン」を示すキーワードを探す】**

■西　村：さらに、枠①と枠⑦からキーワードを抽出してクラッシュさせます。
まずは枠①の「ビジョン」には、Aさんは「しがらみの多い人を救う」と書き込んでいますね。これも、まずはキーワードに落とし込んでください。
■Aさん：次の2つです。

**しがらみ　／　救う**

■西　村：では同じように、枠⑦の「チームから見た（Aさんの）ビジョン」にある「人に夢や理想を語って元気にする」「ロマンを提供する」「自分独自の世界をつくる」からもキーワードを抽出しましょう。

■Aさん：次の3つです。

**元気　／　ロマン　／　世界**

■西　村：もう慣れてきましたね。今回は、それぞれ1つずつ、ピンとくるキーワードを選んでください。

■Aさん：枠①からは「救う」、枠⑦からは「世界」ですかね。

■西　村：この2つを、ここまでの例と同様にマンダラート発想法で展開してみてください。

…　…　…

■Aさん：はい。できました。次ページの図のとおりです。

■西　村：この18個のキーワードの中から、それぞれ2つずつ厳選して、好きなキーワードを選びます。

■Aさん：「感動」と「共感」、「世界」と「創造」です。

■西　村：結構です。この4つのキーワードが、Aさんの**「ビジョン」を端的に表す言葉**となります。

これで、枠③⑤、枠④⑥、枠①⑦のそれぞれで、自分の視点からと他人の視点からの要素をどちらも入れた、厳選されたキーワードをひとつとおりつくれました。

| | | |
|---|---|---|
| 受け止める | 人 | 動物 |
| 前進 | 救う | 心 |
| 感動 | 涙 | 共感 |

| | | |
|---|---|---|
| 羽ばたく | 日本 | 人々 |
| 変革 | 世界 | 地球 |
| 創造 | 広大 | この世 |

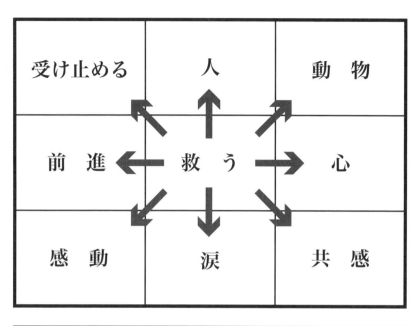

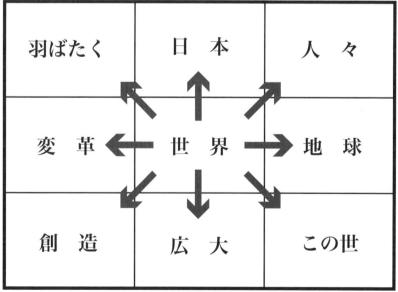

| 枠③⑤→らしさ | 枠④⑥→生き様 | 枠①⑦→ビジョン |
|---|---|---|
| 完全燃焼<br>情熱<br>熱い<br>爆発 | 赤い<br>情熱<br>ロマン<br>ストーリー<br>夢<br>まっすぐ<br>空想<br>自由 | 感動<br>共感<br>世界<br>創造 |

これらのキーワードは、自分から見ても、他人から見ても違和感のないＵＶＰを構築するための、ある意味の「材料」「素材」となります（上表参照）。

## 【まずは枠⑧「ビジョンの共有」を埋める】

これらの材料を使って、ここまでに埋めてきた枠①〜⑦の表現も参考にしながら、枠⑧と枠⑨を埋めていきます。

まずは枠⑧を埋めましょう。**ここは、「〇〇〇にとって」の形で表現します**。

枠①と枠⑦から生き残ってきた「ビジョン」のキーワードを材料に、枠①と枠⑦に書き込んだ内容も参考に、言葉を組み合わせたり入れ替えたりしてつくっていきます。

この〇〇〇には、要するに**あなたのネット通販ビジネスのビジョンを共有してくれる「理想のお客さま像」が入る**わけです。

■Ａさん：……なかなか難しいですね。

■西　村：すでにビジネスを立ち上げていて、お客さまの声が手元に集まっている場合には、そのお客さまの声を参考にするのもいいですね。「声」をフィードバックしてくれるお客さまこそが、そのビジネスのビジョンを共有してくれたお客さまにほかならないわけですから。

ネット通販ビジネスをこれから立ち上げる、という場合にはまだお客さまがいないので、仮定のペルソナ（自分たちのサービスや商品のお客さまの中でも、もっとも重要なターゲット層を1人の架空の人物モデルに組み上げたもの）をつくって、○○○にとってを埋めてみるといいでしょう。いきなり1つに決めなくてもいいので、まずは気楽に、いくつかつくってみましょう。

■Aさん：次のように、2つつくってみました。

……

・**生きづらい世界を一生懸命に生きる人にとって**
・**感動と共感を求める世界にとって**

材料となる「ビジョン」のキーワード、「感動」「共感」「世界」「創造」の4つと、自分のビジョンである「しがらみの多い人を救う」、チームから見た私のビジョンの「人に夢や理想を語って元気にする」「ロマンを提供する」などから発想しました。

■西　村：いいですね。では、直感でこのうちのどちらのほうがピンときますか？

■Aさん：そうですね、「生きづらい世界を一生懸命に生きる人にとって」のほうがしっくりきます。

■西　村：この「**直感でピンとくるのは？**」という質問は、フィードバックをしてくれた相手にも聞いてみてください。

■Aさん：わかりました。では、西村先生が直感でピンとくるのはどちらですか？

| 過去（ミッション） | 現在（世界観） | 未来（ビジョン） |
|---|---|---|
| **栄光**<br>■会社で敢闘賞を授賞した<br>■結婚式の余興で動画作成と瓦割りの企画を行い大ウケする<br>■同期の送別会で動画作成を行い感動させる<br>**挫折**<br>■会社での自分の存在に違和感を覚える<br>■投資に手を出し、初めて借金を抱える<br>■上司がフランス人になり英語でのコミュニケーションに心が折れる<br>② | **大切にしている考え方**<br>■何事も最後までやりきり完全燃焼する<br>■何事も仁義礼徳を貫く<br>■いい意味で吹っきれる<br>■情熱を持って取り組む<br>■生活にメリハリをつける<br>■ワクワクする仕事をする<br>生き様<br>④ | **チームから見たビジョン**<br>・人に夢や理想を語って元気にする<br>・ロマンを提供する<br>・自分独自の世界をつくる<br>⑦ |
| **教訓**<br>**何事も最後までやりきり完全燃焼する**<br>らしさ<br>③ | **チームから見た大切にしている考え方**<br>・義理人情に厚い<br>・夢や理想を抱く<br>・情熱を持って仕事に取り組む<br>・高い理想に向かって突き進む<br>・ゆるさ<br>・自由に自分の足で生きる<br>・没頭する<br>⑥ | **ビジョン**<br>「○○を△△する」<br>**しがらみの多い人を救う**<br>ビジョン<br>① |
| **チームから見た印象**<br>・真面目である<br>・人懐っこい<br>・大人しそうに見えて、内側に熱い闘志を感じる<br>・自分に自信がない<br>・自分のことをよく喋る<br>・いろいろとやりたいことが多い<br>・かわいい<br>⑤ | **ベネフィット＆ギフト**<br>「△△△になるための」<br>「□□□になるサービス」<br>⑨ | **ターゲット**<br>「○○○にとって」<br>**生きづらい世界を一生懸命に生きる人にとって**<br>⑧ |

※⑤⑥⑦は一貫性があること

■西　村：私も、Aさんにしっくりくると思うのは「生きづらい世界を一生懸命に生きる人にとって」のほうです。なので、枠⑧の内容はこれで決定です。
ちなみに、もし意見が割れた場合には、意見が合致するまで案をつくり直してください。

結果、「9マス自分史の箱」は前ページの図のようになります。

## 【枠⑨でベネフィットとギフトを決める】

■Aさん：あと1つですね。
■西　村：はい。最後に残った枠⑨は「ベネフィット&ギフト」の枠です。ここは、「△△△**になるための、□□□になるサービス**」という形で表現してください。
念のためにおさらいしておくと、ベネフィットとは「商品をとおしてお客さまが手にするもの」のこと、ギフトとは「社長や会社が今後、お客さまにどんな価値を提供していくのかをシンボル的に表したもの」です。これを、「△△△になるための」と「□□□になるサービス」の2つの要素で表現します。

なお、ここで使う材料は、枠③⑤から生き残ってきた「らしさ」のキーワードと、枠④⑥から生き残ってきた「生き様」のキーワードです。これらを組み合わせて、お客さまへどんな価値を提供していくのかを表します。
■Aさん：これも難しい……。
■西　村：「△△△になるための」と「□□□になるサービス」を分けてつくり込んだほうがやりや

すいでしょう。そのうえで、両者の重なる部分を考えていきます。あとは、先程の枠⑧のときと同じ要領です。

まずは「お客さまに提供できるベネフィット」を示す「△△△になるための」の部分を、「らしさ」のキーワードを材料に、また枠③⑤の内容も参考にしていくつかつくってみてください。もし材料が足りなければ、枠④⑥のキーワードを使ってもかまいません。

■Aさん：う〜ん……、組み合わせて次のように3つつくってみました。

**・夢と情熱が完全燃焼するための**
**・夢とロマンが爆発するための**
**・自由な夢が爆発するための**

■西　村：Aさんが、直感で一番しっくりくるのはどれですか？
■Aさん：やはり、「夢と情熱が完全燃焼するための」ですかね。
■西　村：私もそれがいいと思います。ということで、「△△△になるための」の部分は「夢と情熱が完全燃焼するための」で決まりです。

続けて、「□□□になるサービス」の案をつくっていきましょう。主に枠④⑥から生き残ってきた「生き様」のキーワードからつくりますが、ここでも、材料が足りなければ枠③⑤の「らしさ」のキーワードを使ってもかまいませんよ。

■Aさん：そうですねぇ……どうしようかな。
■西　村：コツとしては、**特に他人からもらったフィードバックから抽出したキーワードのうち、一番ピンとくるものをメインに使ってつくり込んでいくと、いいものがつくれます**よ。
■Aさん：「ロマン」という言葉が一番ピンときたので、次のようにつくってみましたが、どうでしょうか？　ほかにはちょっと思いつきません。

**・ロマンで体中が満たされるサービス**

■西　村：ロマンという言葉は、Aさんがご自身でも発していた言葉ですし、ちょっと夢見がちな語り方もイメージが合っていますよね。選択肢が1つしかありませんが、ぴったりだと思いますので、私もこれでいいと思います。
■Aさん：ありがとうございます。
■西　村：ということで、先程の「夢と情熱が完全燃焼するための」と合体させて、枠⑨のベネフィットとギフトの内容が確定しました。

**・夢と情熱が完全燃焼するための、ロマンで体中が満たされるサービス**

図に書き込むと、左の図のように「9マス自分史の箱」がすべて埋まります。

| 過去（ミッション） | 現在（世界観） | 未来（ビジョン） |
| --- | --- | --- |
| **栄光**<br>■会社で敢闘賞を授賞した<br>■結婚式の余興で動画作成と瓦割りの企画を行い大ウケする<br>■同期の送別会で動画作成を行い感動させる<br>**挫折**<br>■会社での自分の存在に違和感を覚える<br>■投資に手を出し、初めて借金を抱える<br>■上司がフランス人になり英語でのコミュニケーションに心が折れる<br>② | **大切にしている考え方**<br>■何事も最後までやりきり完全燃焼する<br>■何事も仁義礼徳を貫く<br>■いい意味で吹っきれる<br>■情熱を持って取り組む<br>■生活にメリハリをつける<br>■ワクワクする仕事をする<br>生き様<br>④ | **チームから見たビジョン**<br>・人に夢や理想を語って元気にする<br>・ロマンを提供する<br>・自分独自の世界をつくる<br>⑦ |
| **教訓**<br>**何事も最後までやりきり完全燃焼する**<br>らしさ<br>③ | **チームから見た大切にしている考え方（価値観）**<br>・義理人情に厚い<br>・夢や理想を抱く<br>・情熱を持って仕事に取り組む<br>・高い理想に向かって突き進む<br>・ゆるさ<br>・自由に自分の足で生きる<br>・没頭する<br>⑥ | **ビジョン**<br>「○○を△△する」<br>**しがらみの多い人を救う**<br>ビジョン<br>① |
| **チームから見た印象**<br>・真面目である<br>・人懐っこい<br>・大人しそうに見えて、内側に熱い闘志を感じる<br>・自分に自信がない<br>・自分のことをよく喋る<br>・いろいろとやりたいことが多い<br>・かわいい<br>⑤ | **ベネフィット&ギフト**<br>「△△△になるための」<br>「□□□になるサービス」<br>**夢と情熱が完全燃焼するための、ロマンで体中が満たされるサービス**<br>⑨ | **ビジョンの共有**<br>「○○○にとって」<br>**生きづらい世界を一生懸命に生きる人にとって**<br>⑧ |

※⑤⑥⑦は一貫性があること

# 05 UVP構文を組み立てる

## 並べるだけなので簡単

■西　村：「9マス自分史の箱」が全部埋まったら、UVPを形成するための骨組みはほぼ完成したようなものです。

手始めに、Aさん、あるいはAさんの会社のUVPを端的に表す一文をつくってみましょう。と言っても、これはとても簡単です。「9マス自分史の箱」の枠⑧と⑨に書き込んだ文言を、次の順番に並べるだけです。これを、私は**「UVP構文」**と呼んでいます。

**1　○○○にとって**
**2　△△△になるための**
**3　□□□になるサービス**

■Aさん：これは簡単ですね。次のようになりました。

**生きづらい世界を一生懸命に生きる人にとって**
**夢と情熱が完全燃焼するための**
**ロマンで体中が満たされるサービス**

■西　村：これが、AさんやAさんの会社オリジナルのUVP構文になります。

ちなみに、「○○○にとって」の部分がAさんのビジョンを共有してくれるターゲットを、「△△になるための」の部分がお客さまへのベネフィットを、「□□□になるサービス」の部分がAさんの提供できる価値を表しています。

またこのうち、**「□□□になるサービス」の部分は、UVPを構成する5つの要素のうち、「ギフト」に当たるもの**です。

どうでしょう？　こうやって自分の過去の人生における栄光や挫折、そこから得られた教訓、また他人のフィードバックなどを改めて見つめ直し、そこからキーワードを拾ってUVP構文にまでつくり込んでいくと、いつのまにか、このようにAさんにしか語れない唯一無二の価値がつくれるのです。

「生きづらい世界を一生懸命に生きる人にとって、夢と情熱が完全燃焼するための、ロマンで体中が満たされるサービス」なんて、Aさんにしか似合わない表現、文章ですよ。仮に誰か別の人が同じことを言っても、違和感が大きすぎます。

■Aさん：そうですね、意外に簡単でした。でも、自分から見てもこのUVP構文は「僕らしいや」と心の底から思えます。

## 日本語として多少おかしくても問題ない

■Aさん：……ただ、これを実際にお客さまにそのまま提示するんですか？　なんだか、日本語としては冗長すぎて、少しおかしい気もするんですが、それはいいんですか？

■西　村：Aさん。また、ゴールから逆算していますよ？　大丈夫です。この**UVP構文は、お客さまに大々的に打ち出すためにつくっているものではありません**。

実はこのUVP構文をつくったのは、Aさん独自のストーリーをつくるためなのです。

詳しくは後述しますが、このUVP構文と、「9マス自分史の箱」の中の枠②や③で記述したAさんの過去の経験とを合わせて、UVPのもう1つの構成要素、ストーリーをつくっていきます。お客さまには、むしろそのストーリーのほうを大々的に打ち出しますから、このUVP構文自体は、多少、日本語としておかしくても問題ないのです。

■Aさん：なるほどですね。また悪い癖が出てしまいました……（汗）

■西　村：大丈夫ですよ（笑）

# 共感を呼ぶストーリーをつくり出す

## 「英雄の旅」型のストーリーなら必ず共感される！

■西　村：では、UVP構文ができたので、次はそれをお客さまに伝えるストーリーをつくっていきます。先程も述べたように、「9マス自分史の箱」の枠②「栄光、挫折」や、枠③「教訓」の内容から、ご自身のUVP構文と合致する部分を切り取ってストーリーに組み上げていきます。

■Aさん：ストーリーをつくるということは、いわば僕の**自伝的なショートストーリーをつくる**ということでしょうか？

■西　村：そうですね。

■Aさん：自分のショートストーリーですか……そう言われると、自信がなくなってきました。本当にそれで、お客さまの共感が生まれるのかなって……。

■西　村：実はストーリーをつくるにも、成功法則があるんです。

■Aさん：法則ですか？

■西　村：そうです。Aさんにも「思わず何度も見てしまう映画やアニメ」「ついつい読み返してしまうような小説や漫画」などがあると思います。そういった感動的なストーリーは、実は「**英雄の旅**（Hero's Journey：ヒーローズ・ジャーニー）」という型を元にしてつくられていることが多いのです。

あの『スター・ウォーズ』シリーズや『ドラゴンボール』シリーズなど、多くの人々の共感を呼ぶ作品は、この法則にのっとってつくられている、というのは有名な話です。

■Aさん：そんな法則があるんですね、思ってもみませんでした！「英雄の旅」とは、具体的にはどのようなものなのでしょうか？

■西　村：これは、比較神話学や比較宗教学の権威として知られるアメリカの神話学者、ジョゼフ・キャンベルが発見・提唱したものです。彼は数々の神話を研究していくうちに、世界各国の神話には共通する流れがあることを発見したのです。そして、それを「英雄の旅」と名づけました。その流れは、以下のとおりです。

1. 天命（Calling）
2. 旅の始まり（Commitment）
3. 境界線（Threshold）
4. 守護者・メンター（Guardians）
5. 悪魔（Demon）

6．変容（Transformation）
7．課題完了（Complete the task）
8．故郷へ帰る（Return home）

人生も同じです。何か夢や目標に向かって行動していると、その途中で強力なライバルが現れたり、自分や周りの人が病気になったりなど、数々の障害に遭いますが、それを乗り越えて夢や目標の達成をめざして頑張ります。

この流れを、私が通販ビジネスに合わせてもう少しわかりやすくアレンジしたものが、次の４段構成です。この４段構成に沿ってストーリーをつくれば、お客さまの共感を得やすいわけです。

**1　ピンチな状態**
**2　新しい目標とビジョン**
**3　共通の敵 vs. 新しい敵（常識 vs. 新しい気づき）**
**4　ＵＶＰに基づく必殺のキャッチフレーズ**

■Ａさん：共感を呼ぶストーリーのつくり方が、法則化されていることに驚いています。この４段構成で僕自身のストーリーを書いていけばいいわけですね？

■西　村：はい。もう題材は、前述の「９マス自分史の箱」とＵＶＰ構文で揃っていますから、あとはそれを右の4段構成に配置していくだけです。それだけで、ご自身の過去の体験や「らしさ」、「生き様」などに基づいた、共感を呼ぶストーリーが作成できてしまいます。

■Aさん：1段階ずつ、一緒にやってもらってもいいですか？

■西　村：もちろんです。しっかりつくり込んでいきましょう。繰り返しますが、過去の自分が体験したリアルな経験を切り出していくのがつくり方のコツです。

## まず「ピンチな状態」を描写する

■西　村：では、実際にストーリーを組み上げていきましょう。最初は「ピンチな状態」の描写です。Aさんには、すでに人生マッピングで24歳ぐらいに成功したこと＝栄光と、失敗したこと＝挫折、さらにはその挫折から得た教訓を書き出してもらっていますね。

■Aさん：ちょっと待ってください。本当に、こんな僕のような普通の人間の、しょぼい経験でよいのでしょうか？　やっぱり不安になってきました。もっと、大きな浮き沈みのある人生でなくて、本当に大丈夫ですか？

■西　村：Aさん、言ったでしょう？　結果から逆算しないことです。大丈夫です、浮き沈みが大きいか小さいかより、**実体験に基づいているかどうかのほうがずっと重要**なんです。

さあ、まずは実際に24歳前後での挫折について、詳しく説明してみてください。

■Aさん：……わかりました。

そうですね、僕は大学の機械工学科を出て、そのまま某商用車メーカーに就職しました。仕事としては、自動車の外装部品の開発や設計を担当しており、優しい同期や先輩、上司に恵まれて、アフター5や休みには友人と飲みに行ったり、バーベキューなどレジャーを楽しんだり、それなりに楽しい社会人生活を送っていました。

しかし、社会人生活も2年が過ぎて、仕事にも慣れてきたころ、仕事への情熱が薄れていっていることに気づきました。

入社当初は社内で「敢闘賞」を授賞したり、特許の取得に励んだりと、積極的に仕事に取り組んでいたのに、だんだんと仕事を「こなす」だけになっていた自分がいたのです。残業をさせられるときも、入社当初は特に何も思いませんでした。むしろ、仕事がしたくて仕方なかったくらいです。ところが、だんだんと「え～、残業かよー。まぁ、残業代も出るし、いっか」などと思うようになっていったのです。

ちょうどそのころ、会社が海外の商用車メーカーに買収され、上司がフランス人になりました。その人は32歳という若さでマネージャーという職につきました。聞けば一生懸命勉強し、いい大学に入り、入社後も努力して、日本のものづくりを学びたいと自ら志願して、やっと念願の日本への駐在を勝ち取ったのだそうです。その人は積極的に日本語を勉強したり、最初はまったくわからなかったものづくりについても積極的に取り組み、次第に周りからの信頼も得るほどになりました。

そのころからです。自分の中に溜まったよくわからない無気力さを強く感じるようになり、やがて、イライラして意味もなくこのフランス人上司に暴言を吐いてしまったりしました。勤務態度も悪くなり、誰よりも遅く出社して、誰よりも早く帰るといった荒んだものになっていました。

当然、会社での評価は真っ逆さまに落ちていき、かつて「Aくんは期待の新人だからね」と言われていたことなど、同僚も全員忘れてしまっていたでしょう。表情も、ひどくやつれた顔をしていたと思います。

卑屈になって、同僚と話せば周囲への愚痴ばかりが溢れていました。しまいには、原因不明の腹痛や吐き気、発熱に悩まされることも多くなっていきました。これが、24歳あたりで経験した「挫折」の1つですね。

■西　村：なるほど。仕事への情熱が薄れて、物事がうまくいかなくなってしまったんですね？

■Aさん：はい。

■西　村：そのような挫折があって、その挫折から立ち直るきっかけになった人生の教訓が、「何事も最後までやりきり完全燃焼する」ということですか？

■Aさん：そうですね。たとえば、別の挫折として挙げた「投資に手を出し、初めて借金を抱える」も、「上司がフランス人になり英語でのコミュニケーションに心が折れる」も、僕が積極的に動いて取り組んでいれば、きっとできたはずなんです。先程述べた仕事での無気力さの件も、無気力になるのではなく、与えられた課題に積極的に取り組んで、途中で投げ出さずにやりきれば結果は違ったんだろう、と思うんです。結局は、自分が中途半端に取り組んで、投げ出してしまったことがすべての失敗の原因だったと、いまは思っています。

■西　村：なるほど。自分の中で、最後まで粘り強くやりきれなかったがゆえの失敗だということに気づいたからこそ、「最後までやりきり完全燃焼する」という教訓を得たのですね。では、**その教訓に気づいたきっかけ**は何ですか？

■Aさん：うーん……これは、本当に最近になってからですね。このままじゃだめだと思って前職を辞め、そのころから、自分が情熱を持って、寝食を忘れるほど没頭できる何かを探し始めたんです。

そのときに「作家塾」という塾への参加をきっかけに、その塾を主宰していた師匠と出会います。この師匠との出会いがきっかけで、ライターとしての活動を始め、これまで、がむしゃらに活動してきました。

そのライターとしての仕事の中でも、納期が遅れてお客さまに迷惑をかけたり、誤字脱字のしようもないミスで信用を失ったりと、いろいろと失敗はしてきたんですが、その失敗全部に共通して言えるのが「中途半端に取り組んで、途中で投げ出してしまったことが原因になっている」ことだったと、本当に最近、気づいたんです。

■西　村：よくわかりました。きっと、世の中にもAさんと同じように、「なぜかよくわからないけれども、新社会人のころや入社当初のような仕事のモチベーションを維持できていない」という人は多いと思います。

こうして実体験を振り返ることで、そうした人たちの共感を呼ぶ「ピンチな状態」を描写するための材料が出揃いました。実体験ほど説得力があるものはありませんからね。

# 「新しい目標とビジョン」について深く考える

■西　村：次に、2段目の「新しい目標とビジョン」をつくっていきます。Aさんの**ビジョンは、「9マス自分史の箱」の右側の縦3つの枠にすでに表されています**。要するに、「生きづらい世界を一生懸命に生きる人を救う」というものだと思います。

　1段目でAさん自身が語った、「生きづらい」と感じたであろう過去の挫折があるからこそ、そのビジョンがよりリアリティを持ってお客さまに伝わることがわかりますか？

■Aさん：すごいですね。「ビジョン」関連の3つの枠は、こういった過去の体験を意識して書いたわけじゃないのに、見事に過去の挫折ともリンクしていますね。

■西　村：そうなんですよ。「ランダムに選んだ過去の一時期から挫折を切り出しただけで、本当にストーリーがつながるのか？」と不安になる方もよくいらっしゃるのですが、前述したように、人は無意識のうちに同じタイプの失敗を違う形で繰り返しているもの。だからこそ、ランダムに選んだ過去の一部分の挫折であっても、がっちりビジョンや志、人生の目標といったものとリンクしていくんです。不思議ですよね。

■Aさん：本当に不思議です。でも、確かに大学受験のときにも、僕は本当は○○大学に入りたかったし、勉強を最後までやりきればきっと入れるだけの学力もあったと思うんです。でもやらなかった。就職活動のときにも、全部で40社に落ちるという挫折をしているんですが、面倒になって面接の準備を怠ったために、ことごとく失敗しているんです。すべて、「最後までやりきらずに中途半端なところで投げ出してしまった」ということが共通しています。
こうやって、無意識のうちに何度も同じような過ちを繰り返しているのですね。
■西　村：そうでしょうね。おそらく、子供のときにも同じような失敗を繰り返しているはずですよ。そこに意識を集中して改善する強い意識があれば、あまり繰り返さなくなることもあるのですが、多くの人は、表面的には違っても本質的には同じような過ちを繰り返してしまうものなのです。
■Aさん：高校受験のときも、進学校への受験勉強よりもギターに夢中になって、勉強を中途半端に投げ出したせいで、ワンランク下の高校へ進学することになったんです。失敗のパターンが全部、同じですね。本当に気味が悪いほど共通しています。
■西　村：では、Aさんが「生きづらい世界を一生懸命に生きる人を救う」という**ビジョンを持つきっかけになったことや、エピソード**について詳しく話してみてください。
■Aさん：はい。挫折をして、「もうだめかも」と思ったときに、いつも僕を励まして活力をくれたのが、小説や映画、漫画、アニメーションといった物語の数々でした。物語自体に惹かれたというより、主人公や登場人物の生き様やセリフに共感して、「僕も頑張ろう」という気持ちになることが多く、そういった作品にいままですごく助けられてきたんです。
だからこそ、自分もそうした物語のように、生きづらい世界を頑張って生きている人を応援していきたい、と思ったんです。エピソードと言えるかはわかりませんが、これが、私がいまのようなビジョンを持つようになったきっかけです。
■西　村：なるほど。これまで挫折したときに、常に自分を励ましてくれた物語や作品のように、同じような境遇で苦しんでいる人を救いたい、と思ったわけですね。すばらしい話です。

## 「共通の敵vs.新しい敵」の構図をつくる

■西　村：次の段階である、「共通の敵vs.新しい敵」の構図をつくっていきます。ところで、なぜあえて敵をつくるのかわかりますか?

■Aさん：それは、共通の敵をつくったほうが、より一丸となれるから、ですか?

■西　村：そうです。倫理上はあまりよくないのですが、外部に共通の敵をつくると、その敵を倒すために一丸となりやすくなりますよね。この効果を利用しているのです。

■Aさん：なるほど。では、「共通の敵」とは具体的にはどういうものですか?

■西　村：「**一般的に常識だと思われていること**」です。たとえば、楽してお金を稼ぐことは、一般的に日本では悪だと思われています。このように、一般的な人が描いている常識やイメージなどが、この「共通の敵」となります。

■Aさん：では、「新しい敵」とは?

■西　村：「新しい敵」とは、**Aさん自身が持つ古い価値観や世界観のことです**。いままでの自分が気づけなかった敵です。

たとえば、インターネットを利用して投資ビジネスでお金を何億も何十億も稼いでいる人を見ると、先程も述べたように一般的には「楽してお金を稼いでいる」ように見えてしまいます。自分は毎日、会社で一生懸命働いているのに、「あいつだけは、なんで楽して稼いでいるんだ」と、悪いイメージを持ってしまいがちです。

しかし、実は投資ビジネスの世界では、寝ずに働いたり、日ごろから挑戦と失敗を繰り返したりと、人には見せないだけで儲かる仕組みづくりに相当な努力をしているものです。また、じっとチャンスを待つ忍耐強さもなければ成功はできません。投資ビジネスで実際に成功している人からすれば、決して「楽してお金を稼いでいる」とは思っていないわけです。

この例であれば、「楽してお金を稼ぐ」ことが共通の敵で、「投資ビジネスで成功している人たちが、楽してお金を稼いでいると思っている勝手なイメージ」が新しい敵です。ちょっとわかりにくいのですが、**共通の敵を明示しつつ、新しい敵にも気づく要素を入れる**のがコツです。

■Aさん：私の場合であれば、「私は、自分の人生がうまくいかないのは会社や人、環境のせいだと思っていましたが、実は一番の悪は、いつでも中途半端な行動を許してきた自分に甘い自分自身だ、ということに気づきました」という感じですか？

■西　村：そのとおりです。

## 「UVPに基づく必殺のキャッチフレーズ」で締める

■Aさん：次で最後ですね。「UVPに基づく必殺のキャッチフレーズ」とは何でしょうか？

■西　村：この4段目では、**3段目までに組み上げたストーリーを受けて、自分がこれから本当にやっ**

**ていきたいこと、いわば「人生のテーマ」を表現していきます**。その人生のテーマを端的に表す表現のことです。

とはいえ、すでに出尽くしている材料からつくればいいので、そんなに難しくはないはずです。

Aさんの場合なら、自分自身が情熱を持って取り組んでつくった作品で、いろいろな理由で生きづらいなぁ、と思っている人がワクワクするようなロマンを提供していきたい、と思っているわけでしょう？　であれば、それをそのまままとめた文言が、UVPに基づいた必殺のキャッチフレーズとなります。要するにストーリーの最後の「まとめ」「締めの言葉」です。

■Aさん：わかりました。

## あとは素材をつなぎ合わせればOK！

■西　村：こうした4段階の構成を意識しながら、ここまでに手に入れた材料を組み合わせてストーリーをつくります。そうすると、**ご自身の自分史をストーリーとして、一貫性を持ってお客さまに伝えることができます**。どうですか、できそうですか？　基本的には、先程話したことをそのまま並べて、文章としてつないでいけばいいだけです。

■Aさん：それならなんとかできそうですね。とにかくやってみます。

……　……　……

できました。以下のようになりました。

## ■ Aさんのストーリー

24歳、社会人生活も2年が過ぎ、仕事にも慣れてきたころ、仕事への情熱が薄れていっていることに気づきました。

入社当初は社内で「敢闘賞」を授賞するほど積極的に仕事に取り組めていて、残業をさせられても特になんとも思いませんでした。仕事がしたくて仕方なかったんです。しかし、だんだんと「え～、残業かよー。まぁ、残業代も出るし、いっか」などと思うようになり、「仕事に取り組む」というよりは「仕事をこなす」ようになっている自分がいました。

ちょうどそのころ、会社が海外の会社に買収され、上司がフランス人になりました。その人は、32歳という若さでマネージャーという職につきました。

聞けば一生懸命勉強し、いい大学に入り、入社後にも努力して、日本のものづくりを学びたいと自ら志願して、やっと念願の日本への駐在を勝ち取ったのだそうです。

その上司は積極的に日本語を勉強し、最初はまったくわからなかったものづくりについても積極的に取り組み、次第に周りの人からの信頼も得るほどになりました。

ちょうどそのころからです。自分の中によくわからない無気力さが溜まり始め、その正体がつかめず、やがてイライラするようになり、意味もなくこのフランス人上司に暴言を吐いてしまうことがありました。勤務態度も悪くなり、誰よりも遅く出社して、誰よりも早く帰るという荒んだものになっていきました。

当然、会社での評価は真っ逆さまに落ちていき、かつて「Aくんは期待の新人だからね」と言われていたときのことなど、誰も思い出さなくなっていました。表情も、ひどくやつれた顔をしていたと思います。卑屈になり、話せば周囲への愚痴ばかり溢れ、最後には原因不明の腹痛や吐き気、発熱にまで悩まされることが多くなっていきました。

ピンチな状態

こうした挫折をして、「もう、僕は社会人としてだめかも」と思ったときに、いつも僕を励まし「頑張ろう」という活力をくれたのが小説や映画、漫画、アニメーションといったストーリー作品の数々でした。
物語自体に惹かれたというより、主人公や登場人物の生き様やセリフに共感して、「僕も頑張ろう」という気持ちになることが多く、そういった物語にたくさん共感し、涙を流したことで、再び立ち上がることができました。
だからこそ、自分もそうした物語や作品たちのように、「生きづらい世界」を頑張って生きている人を応援し、そのように感じているかつての自分と同じ環境の会社員の方たちを、救いたいと思っています。

**新しい目標とビジョン**

私は、これまで自分の人生がうまくいかないのは、会社や人、環境のせいだと思っていました。「頑張っているのに人生がうまくいかないのは、この会社にいるせいだ」などと思っていました。

しかし、実は一番の悪は、これまで常に自分の中途半端な行動を許してきた、自分に甘い自分自身だということに気づきました。それに気づけたからこそ、いまの自分があるのだと思います。

**共通の敵 vs. 新しい敵**

今後は、過去の自分のように、人生を生きづらいと思っている人が感動し、涙を流し、再び「頑張ろう」とワクワクするようなロマンを提供したいと思っています。

**UVPに基づく必殺のキャッチフレーズ**

■西　村：いいですね。このように、「ピンチな状況」→「新しい目標とビジョン」→「共通の敵vs.新しい敵」→「UVPに基づく必殺のキャッチフレーズ」という4段構成で作成することによって、世の中の感動する作品に共通する「英雄の旅」の流れをつくり、あなた自身の自分史ストーリーを構築することができるのです。

こうしたストーリーを商品のホームページやLPに加えると、AさんのUVPをお客さまに強烈に伝えることができます。**ターゲットとなる層のお客さまは、無意識に大きな共感を抱き、リピート客やファン客になってくれる**のです。

■Aさん：材料をつなぎ合わせるだけですから、意外と簡単でした。

■西　村：参考として、さらに別の事例も3つほど掲載しておきましょう。これらも参考にしてください。

■Aさん：わかりました。西村先生、ありがとうございます！

## ■ストーリーの事例1

私は４人姉妹の長女として、祖父母、父母と８人の大家族で育ちました。女系家族でしたが、祖父も父も威厳がある一家でした。私たち姉妹も小さいころは、器用で日曜大工や料理が得意な父のことがみんな大好きで、父に認めてもらうために毎日父の取り合いをしていました。

そんな仲よし家族も、私が思春期を迎えると同時に少しずつバランスが崩れていきました。女子によくある「お父さん嫌い」の時期です。ろくに口もきかない、近づかない、一緒に出かけるなんて絶対しない……。妹たちも含めると、娘たちのお父さん嫌いの時期は約８年も続きました。


後日、母に聞いたところ、父はあんなに仲がよかった娘たちに嫌われて悩んでいたそうです。

高校を卒業して、しばらくすると憑き物がとれたように普通に接することができるようになりました。


その後、私は就職を機に忙しい仕事についたこともあり、あまり父親との時間もとれず、そのうち親孝行できたらいいな、程度に考えていました。

まさかそれから６年後、父が 53 歳で末期ガンを宣告されるなどとは、このときは微塵も思っていませんでした。


普段は健康で、ゴルフ好き。でも、タバコもお酒ももっと好き。そんな父は、食道ガンが複数の内蔵に転移、最後は肺ガンで苦しんで他界……ガン発覚から半年でした。

その半年間、父はガンと戦い続けました。でもガンは容赦ありません。私たちと父の時間は限られたものとなり、結局、父とゆっくり話をしたり、思い出をつくったりすることはできませんでした。


父の死後、親孝行もろくにできず、もう父にも認めてもらえないさみしさに深く落ち込みました。思春期のころの約６～７年間も父を無意味に嫌いになって、時間を無駄にしたことが悔やまれました。

いま思えば、父親嫌いになったベースには「お父さんが大好き」だったからこそ、妹３人との４分割の愛情では足りないと、小さいころから感じていた反発があったのです。

父に認められることが私の目標でした。でも、いまはもう十分に父の愛をもらったので、たとえ父に認められることはなくても、一人前の人間としてやっていけると気づきました。


そんな私の経験から、少しでも思春期女子の父親嫌いを解決できるお手伝いをしたい、と考えました。

思春期の娘から相手にされずに悩んでいるお父さん、いまは娘から認められなくても大丈夫です。

悩みから開放されて、小さいころに「パパ大好き！」と言われていたころの、仲のよいキラキラ父娘を取り戻しましょう！

お父さんが、永遠にカッコいい娘のヒーローのままでいてくれれば、娘はお父さん嫌いにはならないんです。

## ■ストーリーの事例2

29歳のときでした。

当時付き合っていた彼氏は、“この人のためなら何でもできる”と思えるほど好きな人でした。

しかし、母親からは、「そんな結婚する気のない人となんて、早く別れなさい！」と言われ続けていました。

が、初めて心から好きになった人とは、簡単に離れることができず……。

次第にイライラする母親、どうしたらよいのかわからない自分、全力で愛情を注いでくれる彼……気づけば体調不良が続き、精神もかなり病んでいました。


「このままではいけない……」


実は、私は学生のころの出来事がトラウマとなっていました。

当時付き合っていた彼氏は情緒不安定で、精神安定剤を飲んでいました。

しかし、薬を切らすとまた情緒不安定になり、手に負えなくなり……。

身の危険を感じた私は耐えきれず、別れを切り出したのですが、その後、ストーカーと化してしまいました。

後ろから刺されるのではないか……そんな恐怖とともに毎日を過ごしていました。


そのような経験から、根本的な治療はできない「薬」というものに対して、拒否感を持っていたのです。

ですから、“薬に頼らず生きていきたい！”という思いから、体調を整えるため、東洋医学による食事療法を取り入れました。


そして心の処方箋として、仏教についての書物を読み漁るようになりました。

ブッダの生き様を描いた物語は、私にとって、夜道に迷い込んだ心を癒してくれる「特効薬」でした。


分厚い本を読み終え、心を入れ替えた私は、自分にこびりついていた「執着」を手放すことにしました。

私たちは、それぞれ別の道を歩むことにしたのです。


これでよかったのだ。

私は正しい選択をしたのだ。


執着を手放した私からは、いつの間にか、長引く体調不良がすっかりなくなっていました。このような経験から、私は人間の体がいかに心とつながっているか、実感したのです。

心が健康であれば、体も健康になれる。

同じように、心の不調や体の不調を抱える女性たちを救いたい……

特に、ナイトワークをしている女性は精神的にも不安定になりやすく、不健康な方が多いものです。

指名がとれなくて落ち込む……
張り出されるランキングを見るたび憂鬱になる……
稼げなくて他店に移るも、やっぱり稼げない……

そんな悪循環を繰り返しがちです。
そこで、都内のお店でNo. 1ホステスである私は、戦わずして勝つこと、つまり、

「ストレスなく、楽しく健康的にNo. 1になれる方法」

を多くの人にお伝えしなければ、と思ったのです。

ブログを必死にＵＰしたり、ノルマを達成するために、片っ端から営業メールを送っていたら３時間かかってしまった、という無駄な努力はしなくてよいのです。

嫌なお客さまは寄せ付けずに、自分が選んだお客さまだけを「信者」にし、楽しく仕事をすることは可能なのです。

楽しく仕事をしていると、そこにまたよいお客さまが引き寄せられ、指名が増える、仕事が楽しくなる、収入がＵＰする……という好循環が出来上がります。

「女性を救う心の調教師」である私は、夜のお仕事をしている女性の心と体のケアを実現するために、No. 1になるために無理をして八方美人になるのではなく、無駄なエネルギーを使わないという目標を掲げて、人生のテーマである「ストレスなく、楽しく健康的にNo. 1になる」ということを使命としています。

## ■ストーリーの事例３

本当はもっとやれるはずなのに……でも私の人生こんなもんだと現状に無理に納得し、人と比較し、悶々とした毎日を送っていませんか？

かくいう私も、幼少のころから、そんな人生にどっぷりはまっていた１人です。

私の人生が大きく変わったのは、10 歳のときに母が胃癌で他界したことがきっかけでした。

当時は父親から、母の病気は胃潰瘍だと聞かされていて、すぐに退院できるものだと思っていました。だけど半年経ち、１年経ってもなかなか退院できません。その間、父親はだんだんと暴力的になり、些細なことでしょっちゅう私を怒鳴り、殴りつけるようになりました。

なぜそのようなことをするのか当時はわからず、毎日怯え、恨むようになりました。父親だけが母の本当の病気のことを知っており、すでに手遅れだということもわかっていました。

さすがの私も子供とはいえ、入院して２年も経つと、周りの大人が隠したとしても、まずい状態になっていることは勘づきます。

しかしどこか信じたくない気持ちもあり、大人の言うことを信じているふりをしていました。

そして、とうとう私が 10 歳のときに母は亡くなりました。

３年弱入院していたのに治らない現実に、子供ながらに病院や医療の在り方にショックを受けました。

母の死の悲しみと同時に込み上げてきたのは、「こんなことになるのなら、父親やドクター、周りの大人に自分の意見を伝え、本当のことを聞いておけばよかった……」という思いでした。

それができていたのなら、父親の理不尽な暴力にも自分の意志や意見をきっちりと述べて、状況を変えられたかもしれない……。

それができずにいた自分に嫌気がさし、目上の人にも意見を言えるようになろうと心に決めました。

あなたのその感覚は正しいのです。

その感じたことを言葉にし、他人と比較せず、まず一歩行動してください。

それこそが、不可能だと思っていることを可能にする大きな一歩となります。

私も、その１人です。

いまでは、「センサー感度を高めて健康を守る世界を実現する」をビジョンに掲げ、スタッフ 50 名以上を抱える医療関係会社の経営者として、充実した日々を送っています。

「本当はもっとやれるはずなのに……」

そのあなたの想いは、正しいのです。

その五感で感じることを言葉にし、他人と比較せず、まず一歩行動してください。

その一歩の延長線上に、いまとは違った、本当に欲していた世界が待っています。

07

# 「9マス自分史の箱」を使わないと独りよがりのUVPになってしまう

## UVPのすべての要素がここにある

何度も述べているように、小さなネット通販会社が大手の競合ひしめく市場で唯一無二の価値をつくり出し、継続的に売上を上げていくには、UVPをつくってそれを商品に投影し、ストーリーでお客さまの共感を得ながら販売する必要があります。「9マス自分史の箱」を使えば、誰でも、それらの構成要素を自然にすべてつくれることが、わかって頂けたでしょうか？

なお、**「9マス自分史の箱」の左側にある縦3つの枠に書**

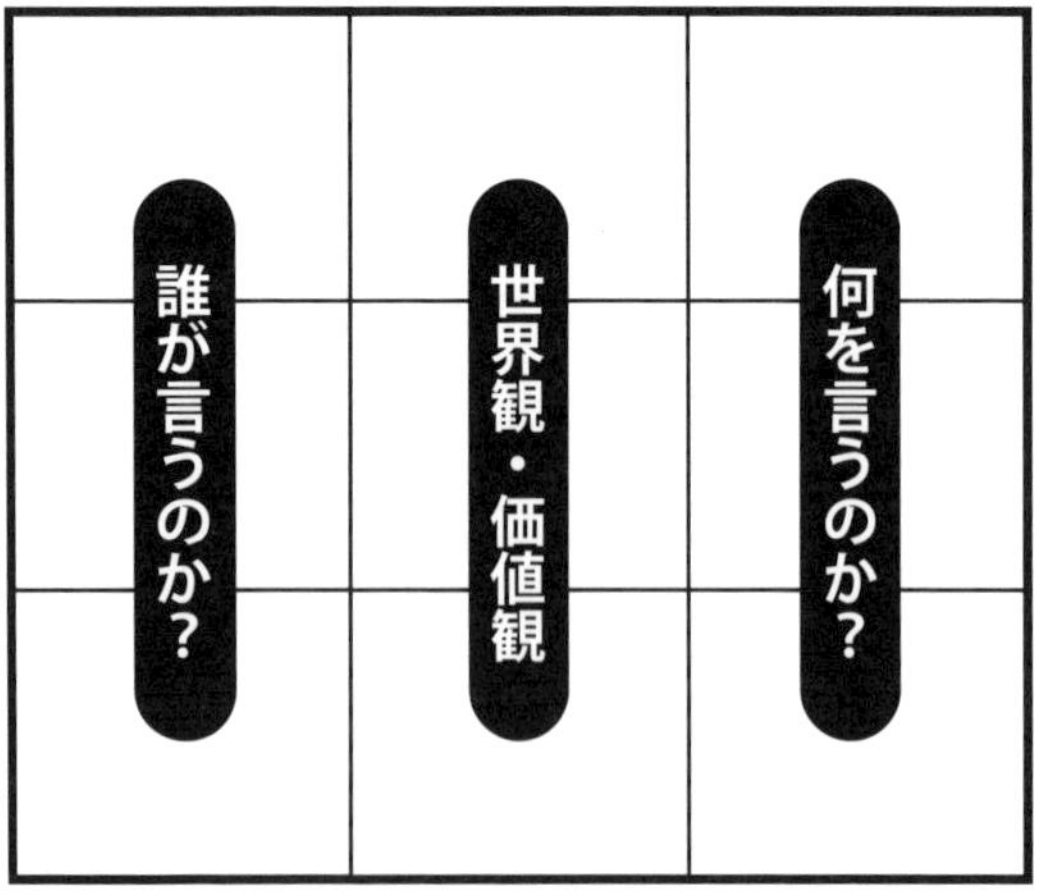

**き込んだ内容が、ＵＶＰの「誰が言うのか？」を表します。**

**右側の縦３つの枠に書き込んだ内容、つまりビジョンが「何を言うのか？」**です。

そして「世界観」については、**「９マス自分史の箱」の真ん中の縦３つの枠に書き込んだ内容が、本人の世界観や価値観を表しています**（右ページ下図参照）。

## ビジョンはできるだけ壮大に

逆に、**この「９マス自分史の箱」を使わないと、お客さまへ伝える内容がすべて商品寄りの視点、あるいは事業者寄りの視点になってしまいがちです。**そうなると、結果的に売上も低くなってしまいます。

自分では気づかないような強みを引き出すためにも、このような右脳的サポートツールを使って発想し、より多くの人を巻き込めるようなＵＶＰを構築していくほうが、本質に近いＵＶＰができ上がるのです。

たとえば、「あなたのビジョンは何ですか？」と聞かれたときに、「サプリメントの販売価格をいまより30％安くする」と業務上の目標を答えてしまう人がいます。これは数値的な目標であって、「ビジョン」ではありません。

事業の目標としてはすばらしいのですが、仮にこれが自分の墓石に書かれていたら、と想像してください。すごくチープなビジョンになってしまいますよね？

ビジョンは、壮大でなければなりません。**ビジョンが壮大であればあるほど、ネット通販ビジネスでの商品展開も一貫性がとりやすくなり、その分、売上も大きくしやすい**からです。

たとえば「世界を変える」という壮大なビジョンを掲げた人なら、サプリメント販売でも不動産事業でも、どんな事業を展開してもビジョンとの違和感が生じませんが、「サプリメントの販売価格をいまより30％安くする」というビジョンを掲げている人が、サプリメント以外の事業展開をすると「なぜ？」と違和感が出てきてしまいます。

Ａさんの場合なら、本業がライティング代行会社ですから、仮に「サプリメントの販売」や「不動産売買」をやりだしたら、普通は「どうして、ライティング代行会社がサプリや不動産を扱うの？」と違和感が出ます。

しかしながら、Ａさんが「世の中が生きづらいと思っている人にとって、身体中のエネルギーを完全燃焼させるための、ロマン溢れるサービスの提供」というＵＶＰを掲げていれば、そのビジョンを実現するための商品やサービスは、必ずしもライティングだけでなくてもいいでしょう。育毛剤でも不動産でも、エステサロンの経営でもサプリメントの販売でも、方向性さえ一致していればどんなビジネスでも展開でき、さらに違和感も生じないのです。

## 人のモノマネでは見抜かれる

ただし、「壮大でなければならない」ということを意識するあまり、**他の一部上場企業などのビジョ**

**ンを流用したりまねたりしてはダメ**です。

他の大手企業のビジョンを流用して、自分らしさを消して作成したビジョンは、ほかから借りてきた言葉なので「自分らしさ」がありません。お客さまは、そうした本質的ではないものはすぐに見抜くと心得ておきましょう。

UVPを構築するうえで重要なこと、それは読者のみなさんの本質的な価値をお客さまに伝え、お客さまに「自分のための商品だ」と気づいてもらうことです。

そうして、商品のその先にあるワクワク感を分かち合い、いつでもお客さまの期待を超えることをめざしてください。

## 章のまとめ

・小さい会社は、UVP がないと相対比較に陥り、大手企業との競争に勝てない。

・ＵＶＰは「誰が言うのか？」「何を言うのか？」「ストーリー」「ギフト」「世界観」の５つの要素で構成される。

・ビジネスモデル全体を、ＵＶＰに立脚して構築するのが小さな会社のネット通販ビジネスの必勝法。

・ストーリーや文化・カルチャーの世界で戦わないと、小さな会社には勝ち目がない。

・ＵＶＰは誰でもつくれる。部下や２代目の雇われ社長が通販ビジネスをする場合には、創業社長とその部下や雇われ社長のＵＶＰをどちらも商品に反映させるとよい。

・「９マス自分史の箱」を使えば、自分でも気づかない魅力や強みまで引き出した、本質的な UVP が自然にできる。

・過去の栄光や挫折を書きにくいときには、人生のマッピングを利用するとやりやすい。

・マンダラート発想法を活用すると、さまざまなキーワードを、短期間のうちに大量につくれるので活用するとよい。

・「９マス自分史の箱」がすべて埋まったら、そこから UVP 構文を作成し、さらに「英雄の旅」の４段構成でストーリーを作成する。

・ＵＶＰは他社のまねでは絶対ダメ！

# 第3章

# 「何を言うのか？」をつくり込み、世界観・価値観を商品に投影する

## ～商品ではなく価値を売るための仕組みづくり～

# 01 4段構成のストーリーと連動させれば、「自然と選ばれる商品」をつくれる

前章で解説した「9マス自分史の箱」では、小さなネット通販会社に必要とされるUVPの骨格を作成しました。第3章では、UVPを構成する5つの要素のうち、「何を言うのか?」についてさらにつくり込んでいきます。

前述のとおり、「何を言うのか?」というのは、「あなた（自社）が商品やサービスをとおして提供できる価値」のことです。**自分自身が、過去〜現在〜未来と一貫して保持してきた（していく）世界観や価値感を商品に投影し、市場に価値として提供する**のです。

その際、前章で作成した「誰が言うのか?」を示す4段構成のストーリーや、UVP構文が非常に役立ちます。あなたの製品やサービスは、自分自身の世界観や価値観に合致した形で価値提供することで、さらに市場に受け入れられていくからです。

なお、「何を言うのか?」をつくり込む際に非常に重要なポイントとして、**商品の特徴を自ら語ってはいけない**ということが挙げられます。自社商品を自画自賛しても、ほとんどのお客さまは信じてくれないからです。本章では、常にこのポイントを頭に置いておいてください。

では、見込み客に関心を持ってもらえるよう、情報を伝える仕組みを綿密につくり込んでいきましょう。それは、映画監督がさまざまな工夫をして、観客の興味や関心を引き出すオープニングを設計するようなものです。みなさんも創意工夫を発揮して、自社の商品やサービスを効果的に紹介するためのショーを設計してください。

それには、「お客さまには、どんな悩みや不安、痛みがあるのか？」を明確にすると役立ちます。また、ここでも大事なのは「自ら考えない」こと。お客さまからその情報を引き出すことによって、仮説の構築と検証をくり返し、その検証結果から「何を言うのか？」をつくり込む、というプロセスを踏んでいってください。

**お客さまに、「自社の商品やサービスは、あなたのどんな悩みや不安を解決しますか？」と問いかけること**が大切です。私がコンサルティングを行う際も、いつも「あなたの会社の商品やサービスは、お客さまのどんな悩みや不安を解決できるのですか？」と、問いかけることからスタートしています。

## 5ステップの全体像を把握する

まずは全体像を把握しましょう。「何を言うのか？」は、次の①～⑤の手順でつくり込んでいきます。

**ステップ①　ターゲット1名を明確にする**

**ステップ②　そのターゲットの不安や悩み（痛み）を聞き出す**

**ステップ③　解決策を提示する**
**ステップ④　コンセプト（ひとことで言うと、どうすごいのか？）をつくる**
**ステップ⑤　キャッチフレーズにする**

なおこの手順は、前章末で作成した**「誰が言うのか？」を示す4段構成の「ストーリー」と、連動・連結するように作成していく**のがコツです。

ストーリーと連動させることによって、「誰が言うのか？」と「何を言うのか？」のあいだに確固たる一貫性が生まれ、自分自身のストーリーから生まれてきた価値観や世界観を、ズレなく自社の商品やサービスに投影できるのです。

こうした一貫性があるからこそ、お客さまは「これは、私のための商品・サービスだ！」と感じ、自然とみなさんの商材を選んで買うのです。

どのように連動・連結させればいいかは、下の図を参考にしてください（詳しくは後述していきます）。

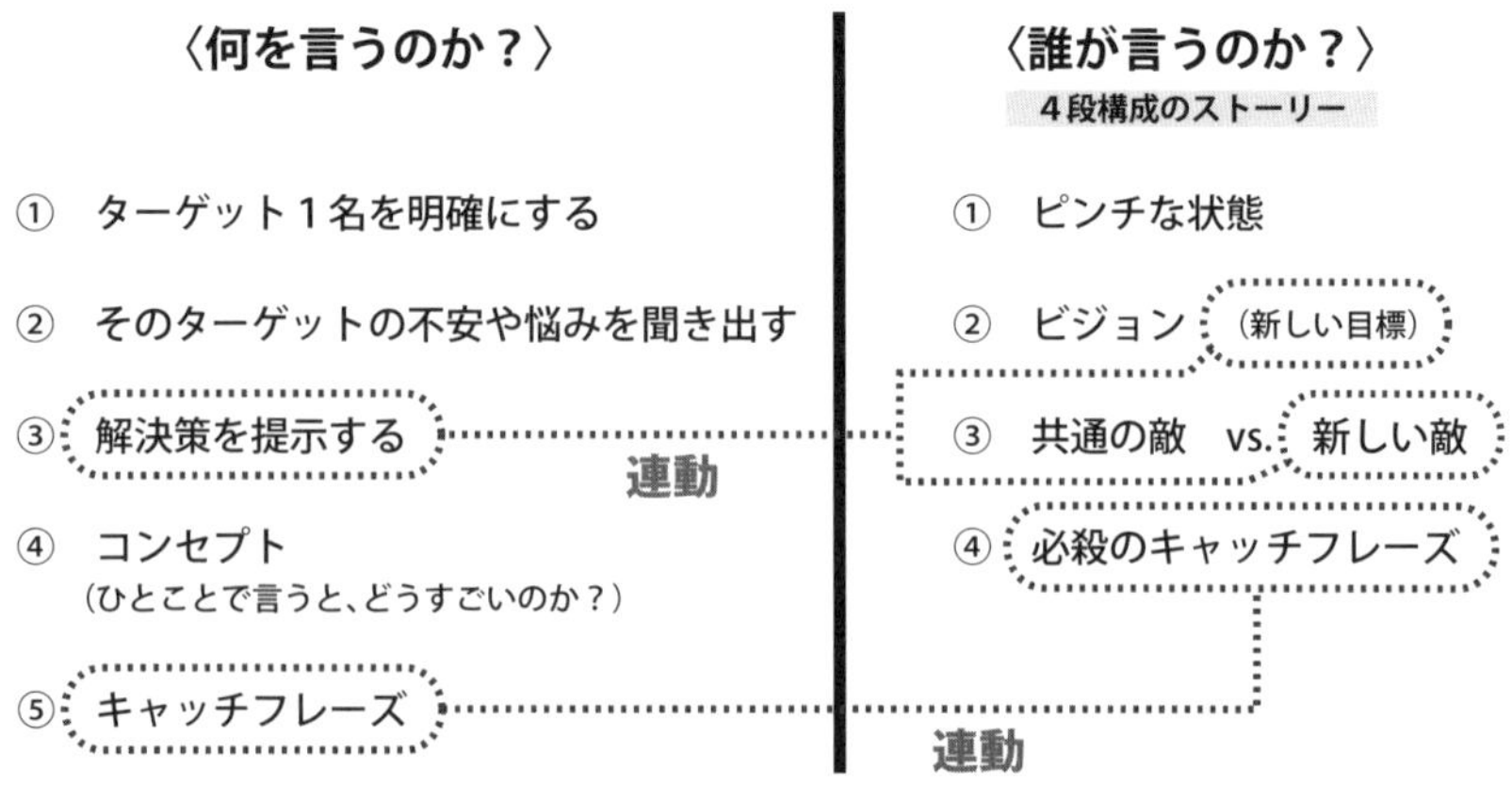
〈何を言うのか？〉
①　ターゲット１名を明確にする
②　そのターゲットの不安や悩みを聞き出す
③　解決策を提示する
④　コンセプト
（ひとことで言うと、どうすごいのか？）
⑤　キャッチフレーズ
〈誰が言うのか？〉
４段構成のストーリー
①　ピンチな状態
②　ビジョン（新しい目標）
③　共通の敵　vs.　新しい敵
④　必殺のキャッチフレーズ
連動
連動

02

# 5つの要素を意識すれば、誰でも「顧客視点でのつくり込み」を実現できる

「何を言うのか?」は右のステップ①〜⑤の順につくっていきますが、このとき、**それぞれのステップをあくまで顧客視点でつくり込んでいく**こともポイントとなります。前述のとおり、「自ら考えないこと」が大切だからです。

自分で「こうすれば売れるだろう」と考えてはいけません。「お客さまが、どのように商品をとらえ、購入するのか?」と、顧客視点で考えながら商品のコンセプトをつくり込まなければ、自然と選ばれる商品やサービスをつくり出すのは困難です。

## お客さまが商品を買おうと思うまで

とはいえ、顧客視点で考えるといっても、具体的にはどのように考えていけばいいのでしょうか?

実は、次の5つの要素に分解して考えていくと、誰でも自然と顧客視点でのつくり込みができるよ

うになりますから、これを意識しながら作業を進めてください。

① **製品（商品・サービス）**
② **ネーミング**
③ **お宝キーワード（不安や悩みからくる痛み）**
④ **ベネフィット1（自分に対するメリットや特徴）**
⑤ **ベネフィット2（その先の世界）**

詳しく解説しましょう。

お客さまは、まず商品に接してＬＰなどを見ます（要素①）。

そして、「これは、こういう製品なんだな」ということを、**最初にネーミングから判断します**（要素②）。

次に、「**お宝キーワード**」と私は言っていますが、お客さま自身の抱える「悩み」や、「不安からくる痛み」などに気がついてもらうためのキーワードに反応して、顧客はその商品への興味・関心を感じます。

たとえば、「疲れ　とれない」などのシンプルなキーワードであったとしても、見込み客の悩みや痛みにしっかりと焦点を当てることができていれば、見込み客の脳内ＳＥＯへの最初の「当たり」としては、十分に大き

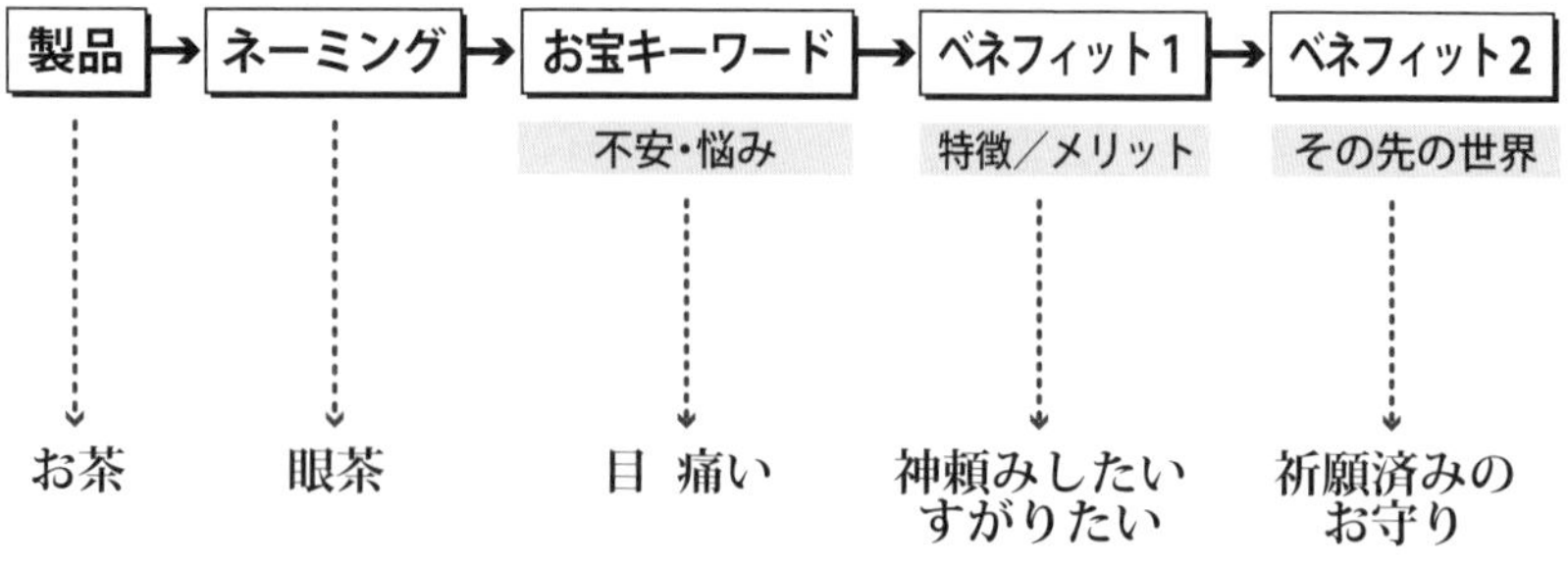

西村さんの
愛されネットショップ教室
BUY
みんなに愛されるネットショップの
作り方、もっと知りたくありませんか？
DMM 西村さんの愛されネットショップ教室
検索
http://dmm.com/2918
パソコンからも、スマートフォンからも
月額 4,800 円
すべてのコンテンツがお楽しみいただけます！
※本書刊行時の価格です。

## オンラインサロンに入会すると
## こんな特典があります！

- 自分で作った作品／商品がみんなに愛されるようになる！
- あなたの特技を活かしてビジネス展開ができる！
- 共に愛されネットショップを作る仲間ができる！

## 「よくある通販スクール」と、どこが違うの？

仕入れて売る、という「せどり」や、他人の商品を売るアフィリエイト、自分の不用品を売るメルカリという「誰がやっても同じもの」ではなく、あなたオリジナルの作品を商品化して「ブランドストーリーで愛される」ことに注力しています。

Facebook グループの中でメンバーはそれぞれネットショップでやりたいことや、扱いたい商品のジャンルなどあなたの興味や関心に合わせグループを作り、あなたのやりたい事をカタチにすることができます。

このオンライン教室は、「自分のブランドを作りたい！」「愛されネットショップを作りたい！」という個人が集まり、繋がって、長く愛されるブランドを生み出していく場です。

# 西村公児

愛されネットショッププロデューサー

年商600億円の上場通信販売会社で、販売企画から債権回収までの業務を16年経験。その後、化粧品メーカーの中核メンバーとして5年間マーケティングに参画。通販実務を20年以上経験してきた。大手エステ系企業の通販ビジネスのサポートで売上200%アップ、ニュージーランドのシンボルフルーツ企業の販促支援でレスポンス率を2倍にアップ、某健康食品会社の事業開発および通販支援で新規会員数が2,000名増加など、通販ビジネスと売れる商品開発のプロとして、誰もが知る有名企業のヒット商品誕生に多数関わる。売れる商品を発掘し、ヒット商品に変える独自メソッド「ダイレクト通販マーケティング理論®」を提唱。中小企業から中堅企業をメインに、企業に眠る“売れる商品”の発掘を数多くサポートしている。国内の注目のビジネスモデルや経営者に焦点を当てたテレビ番組「ビジネスフラッシュ」に出演。また、著書には本書のほか、ベストセラーとなった『伝説の通販バイブル』(日本経済新聞出版社)がある。

な反応を得られるでしょう。**お客さまの抱える悩みや痛み、不安などをストレートに想像させるキーワードが入っていれば、見込み客はその製品にまずは興味を持ってくれる**、ということです（要素③）。

さて、「お宝キーワード」で興味・関心を持ったあと、お客さまは「ベネフィット1」（自分に対するメリットや特徴）と「ベネフィット2」（その先の世界）を考え、その製品を購入することが、自分にとってどんな価値を持つものなのかを判断する段階に入ります（要素④、要素⑤）。

このうちの「ベネフィット1」とは、**「商品の特徴」や「その商品を購入することで直接的に手に入るメリット」**のことです。

対して「ベネフィット2」は、**「その商品を使うことで将来、手に入る世界・未来像」**のことです。

これら5つの要素が、すべてお客さまの脳内で明確にイメージでき、それに共感できたとき、お客さまは初めて購入という行動を起こします。だからこそ、この5つの要素を埋めるように、顧客視点で「何を言うのか?」を設計していくことが大切なのです。

なお、この**5つの要素のうち、いきなり最初の「製品」や「ネーミング」から考え始めてしまうと、大抵は失敗します**。

「この製品、このネーミングだったら売れるだろう」と、売り手が自ら考えてしまうと、「誰が言うのか?」と「何を言うのか?」に一貫性がなくなりがちで、商品のコンセプトにも価値観や世界観のズレが出てきてしまいます。結果的に、ブランディングもうまくできなくなるため、お客さまに共感されず、売れにくい商品ができ上がってしまうのです。

またつくり込みの際には、お客さまが購入へと動いていく順番にはこだわらず、**お宝キーワードやベネフィットなどから埋めていったほうが、より効率よく、かつ効果的な形でつくり込みができる**ので、この点にも注意しておいてください。

## 03 実際の事例で手順を確認する

実例を見てみましょう。これは、かつて私がお手伝いをした、埼玉県秩父市にある慈眼寺というお寺で行っているお茶の通販ビジネスでの事例です。前提条件は、以下のとおりです。

同寺は開創が大変古く、鎌倉時代から780年以上続く古刹（古寺）です。日本百観音にも数えられ、秩父三十四か所観音霊場の第13番目でもあります。その名称からもわかるように、「目」の仏さまである薬師瑠璃光如来を祀っています。

この慈眼寺には、緑内障や白内障、飛蚊症や視力の低下など、眼病関連の悩みを持つ方だけでなく、「目」から転じて新しい環境や境遇で「芽」を伸ばしたい方が、年間を通じ、日本全国から参拝に訪れています。

## ■ターゲット1名を明確にする

まずは仮説として、ターゲットに目の病気（緑内障・白内障など）にかかり、手術を受けたにもかかわらず術後の経過が芳しくなく、不安があってどうしようもない方、を想定してみます。

当然ながら、手術を受ける前にはさまざまな治療を受け、サプリメントも飲んできたかもしれません。手を尽くしたけれども、完治には至らなかった人が、最後に神さまに「神頼み」をするために訪れるのが慈眼寺のはずです。

**「何を言うのか？」をつくり込んでいく最初のステップでは、このようにターゲット1名を明確にします。**

## ■そのターゲットの不安や悩みを聞き出す（お宝キーワード）

そして、次に**そのターゲット1名の不安や悩み、痛みなどを聞き出します。**そうしないと、お宝キーワードが出てこないからです。

この事例の場合であれば、すでにお寺を訪れる方が多くいらっしゃいますから、売店などで類似商品を購入した、想定した条件に合致するお客さまにヒアリングを依頼すればいいでしょう。明確なターゲット1名は、既存のお客さまから想定するのが一番確実です。

これからネット通販ビジネスを始めるのでまだお客さまはいない、といった場合には、自分の周囲で条件に合致した見込み客を探し、その方にヒアリングをするのがよいと思います（その他の方法もあります／後述）。

この事例では、ヒアリングでお客さまが「目が痛む」という悩みを抱えているとわかりました。手術をしてもなかなか消えない目の痛みや、さらには眼病再発などへの不安という心の痛みから、開放されたいがために、神頼みをするためにわざわざ遠方から慈眼寺を訪れていたのです。

この場合、お客さまキーワードはそのまま「目　痛い」でいいでしょう。このように、**お客さまの悩みをストレートに想像させる言葉**を選んでください（より科学的なキーワードの選び方についても後述します）。

## ■製品選び

お宝キーワードが決まったら、次はその明確な1名のターゲットに対して、**どんなジャンルの商品を提供していくか**を決めていきます。

慈眼寺の事例では、商品がすでにお茶と決まっていたため、商品ジャンルの選定は不要で、お茶という商品がネット通販ビジネスで扱うのに適しているかどうかを確認することになりました。

確認するポイントは、第1章で前述したとおり**レッドオーシャンにある商品かどうかと、「売れる通販指数」を満たす商品かどうか**です。

想定している商品がレッドオーシャンの市場にあるかどうかは、楽天市場やアマゾン、ヤフーショッピングなどの**主要なモール系ショッピングサイトに、その商品のカテゴリーが個別に存在するかどうかで判断します**。これらのサイトに個別カテゴリーが存在しないような商品の市場は、とてもレッドオーシャンの状態にあるとは言えないからです。

もちろん、お茶の場合はどのサイトにも個別のカテゴリーがあるので、この点は合格です。

「売れる通販指数」については、すでに解説したのでここでは繰り返しません（24ページ参照）。お茶であれば、十分に基準値を満たせる商品だと判断しました。

## ■ベネフィットの決定（解決策の提示）

そうして商品のジャンルが決まったら、次は「ベネフィット1」と「ベネフィット2」を決めていきます。

「ベネフィット1」は、慈眼寺の事例では次のようなものだと考えられました。

ベネフィット1　特徴　：天然○○成分配合
　　　　　　　メリット：神頼みできる、神さまにすがれる

つまり、これまでさまざまな医学的治療を受けてきたものの、眼病からくる悩みや不安、そこから生じる心や体の痛みなどから開放されることがなかった人には、「神頼みしたい」とか「神さまにす

がりたい」という望みや欲求があり、今回の商品にはそうした望みや欲求に応えられるメリットがある、というわけです。

このように、ふつうの商品の特徴はもちろんのこと、それ以外にもお客さまにとってメリットとなるものを、ベネフィット1ではつくり込んでいきます。

次に「ベネフィット2」は、慈眼寺の事例では次のようなものだと考えられました。

ベネフィット2　その先の世界：ありのままの自分を受け入れることができ、笑顔になれる

このように、ベネフィット1で神頼みができたのなら、その先にはどんな未来が待っているのか？どんな世界が達成できるのか？　と、「その先」のことを考えてつくり込んでいきます。

「目が痛い」という悩みからなかなか開放されなかったお客さまには、「神頼みをしたい」「神さまにすがりたい」という欲求があり、それを実現することで、悩みや不安が解消してお客さまを笑顔にできる、という**明るい未来像を示す**のです。

このように、**「ベネフィット1」と「ベネフィット2」は、明確なターゲット1名に実施したヒアリングの内容を元に、「商品の特徴やすぐに手に入るメリット」→「その先の世界」という順で設計する**ことが大切です。それによって、ほかの誰にも真似のできない、あなた（の会社）にしか提供できない、唯一無二の価値を市場に提示できるようになります。

この例であれば、どこにでもある「お茶」という製品を売っているのではなく、眼病関連の悩みを

持つお客さまへの、ある種の「祈願済みのお守り」としての価値を提供している、となるでしょう。

### ■コンセプト、キャッチフレーズ、ネーミングの決定

また、つくり込んだ「ベネフィット2」の内容は、そのまま商品の「コンセプト」や、LPなどで使う「キャッチフレーズ」、さらには商品の「ネーミング」へと変化させられます。

**「ベネフィット2」で提示する未来の姿がどうすごいのか、ひとことで表現したものが商品のコンセプト**です。この例であれば、「飲むことでありのままの自分を受け入れ、笑顔になれるお茶」というような表現となるでしょう。

さらに、**これを13文字程度まで短くしたものがキャッチフレーズ**です。たとえば、「自分を受け入れ、笑顔になれる！」といったような表現でしょうか。ここは、前章で作成した4段構成のストーリーの最後の段階、「必殺のキャッチチフレーズ」とも内容が連動するように意識してください。

さらに、**これらの内容をもっと短い商品名称の形に落とし込んだのがネーミング**となります。慈眼寺では、検討の結果「眼《め》茶《ちゃ》」というネーミングに決まりました。

## 一貫性がないネーミングでは売れない

ちなみに、私のところに「商品が売れない」と相談に来られる方のビジネスを分析してみると、このベネフィット2と商品のネーミングの一貫性がとれていないために、売れていないケースがよくあ

ります。

お客さまは、製品のネーミングを見て「これは、○○○という製品なんだ」という判断をします。

だからこそ、多くの人はネーミングから決めようとしてしまうのですが、そのために商品のネーミングと、「その商品を使った少し先にある未来」とのあいだでズレが生じ、一貫性がとれないために、お客さまの脳裏に自分がその商品を使っている未来を自然にイメージさせられません。

すると、「これは私のための製品だ」と感じさせることができないので、当然売れない、ということになるのです。

**商品の「ネーミング」を先に決めるのではなく、まずはターゲットの不安や悩みを解決する方法と、その先の未来、すなわちベネフィット2を考えてから、それをコンセプトやキャッチフレーズ、さらにはネーミングへと落とし込んでいく必要があります。**つまり、「何を言うのか？」をつくり込む目的は、お客さまが商品を見て、すぐに「これは、私のための商品だ！」とより強くイメージできるようにすることなのです。

「お茶」を「お茶」という製品として売るのではなく、「祈願済みのお守り」といった価値を加えて売れ、ということです。商品ではなく価値を売れ、と言い換えてもいいでしょう。

## 4段構成のストーリーが「それを言う資格」を与えてくれる

ただし、ただ「お茶」を「祈願済みのお守り」として売るだけではダメです。なぜなら、あなたにそれを言う資格があるかどうかが、お客さまにはわからないからです。

たとえば、小さいころから車が好きで、これまでいろいろな車を乗り回し、いじり倒してきた人が、「これは本当にいい車ですよ」と車を販売する場合なら、お客さまはその言葉に説得力を感じます。

しかし、これまでまったく車に関わってこなかった人が「これは本当にいい車ですよ」と車を販売しても、お客さまは「あなたに、それを言う資格はあるの？」と感じ、その言葉に説得力を感じることはありません。

眼茶の場合も、ただ売るだけでは、お客さまに「なぜ、あなたにそれを言う資格があるの？」と疑問を感じさせてしまうでしょう。

この疑問を解消してくれるのが、前章でつくった4段構成のストーリーです。下の図のように、**ストーリーが示す「誰が言うのか？」と、本章でつくり込んだ「何を言うのか？」**、**さらに、あなたの価値観や世界観を投影した商品のコンセプトやキャッチフレーズ、ネーミングまでを連動させることによって、「その商品について述べる資格がある」ということを、自然にお客さまに伝えられます。**

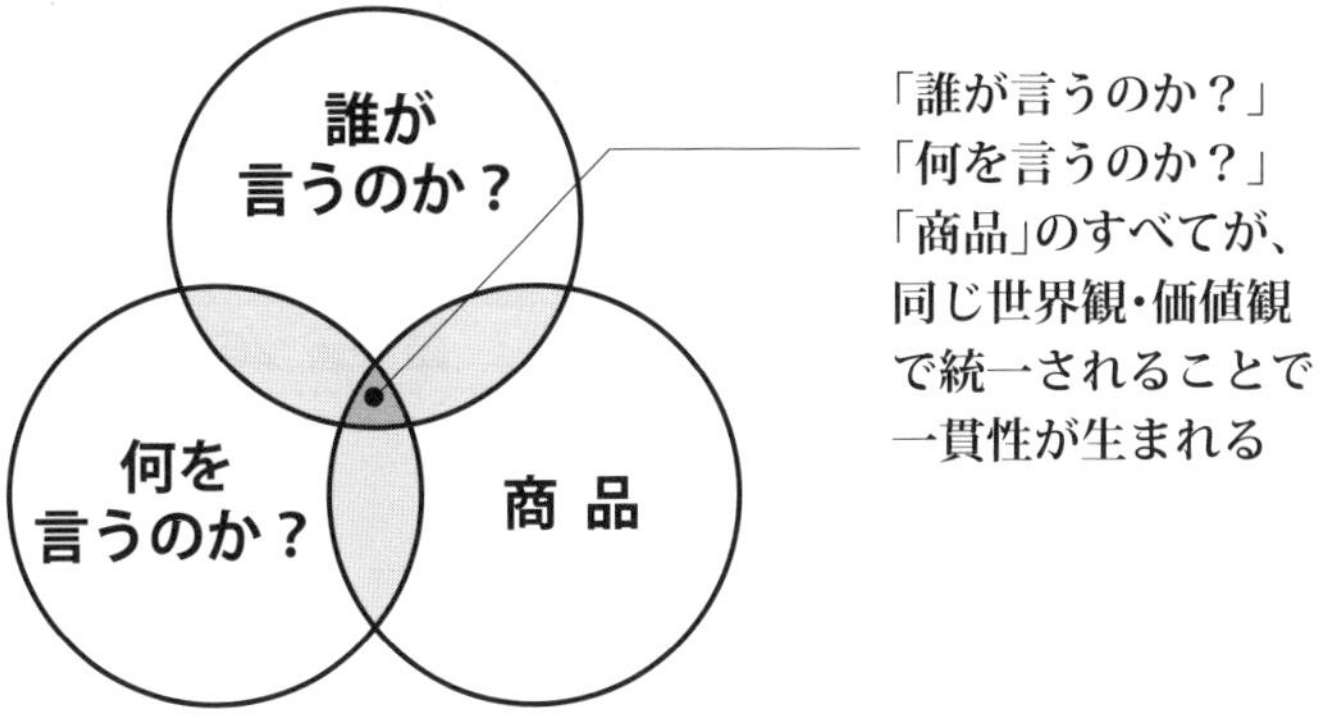
誰が
言うのか？
何を
言うのか？
商 品
「誰が言うのか？」
「何を言うのか？」
「商品」のすべてが、
同じ世界観・価値観
で統一されることで
一貫性が生まれる

だからこそ、顧客は「なるほど！　この人はこういう経験をしてきた。だから、この人はこれを言う資格があるのか」と納得でき、初めて、ＬＰのさまざまな宣伝文句にも説得力を感じるようになるのです。

お客さまの中で、自然と「誰が言うのか？」と「何を言うのか？」、そして商品に一貫性が生まれ、その商品を買った先の世界観に共感・共鳴して、商品が売れていく仕組みがこれによってでき上がります。

これこそが、私の提唱する「儲かるネット通販ビジネスの仕組み」です（下再掲図参照）。

すでに何度か述べたように、「他の商品との差別化競争にそもそもならず、モノが売れていく」というのは、この仕組みによって、商品を単に商品として売るのではなく、

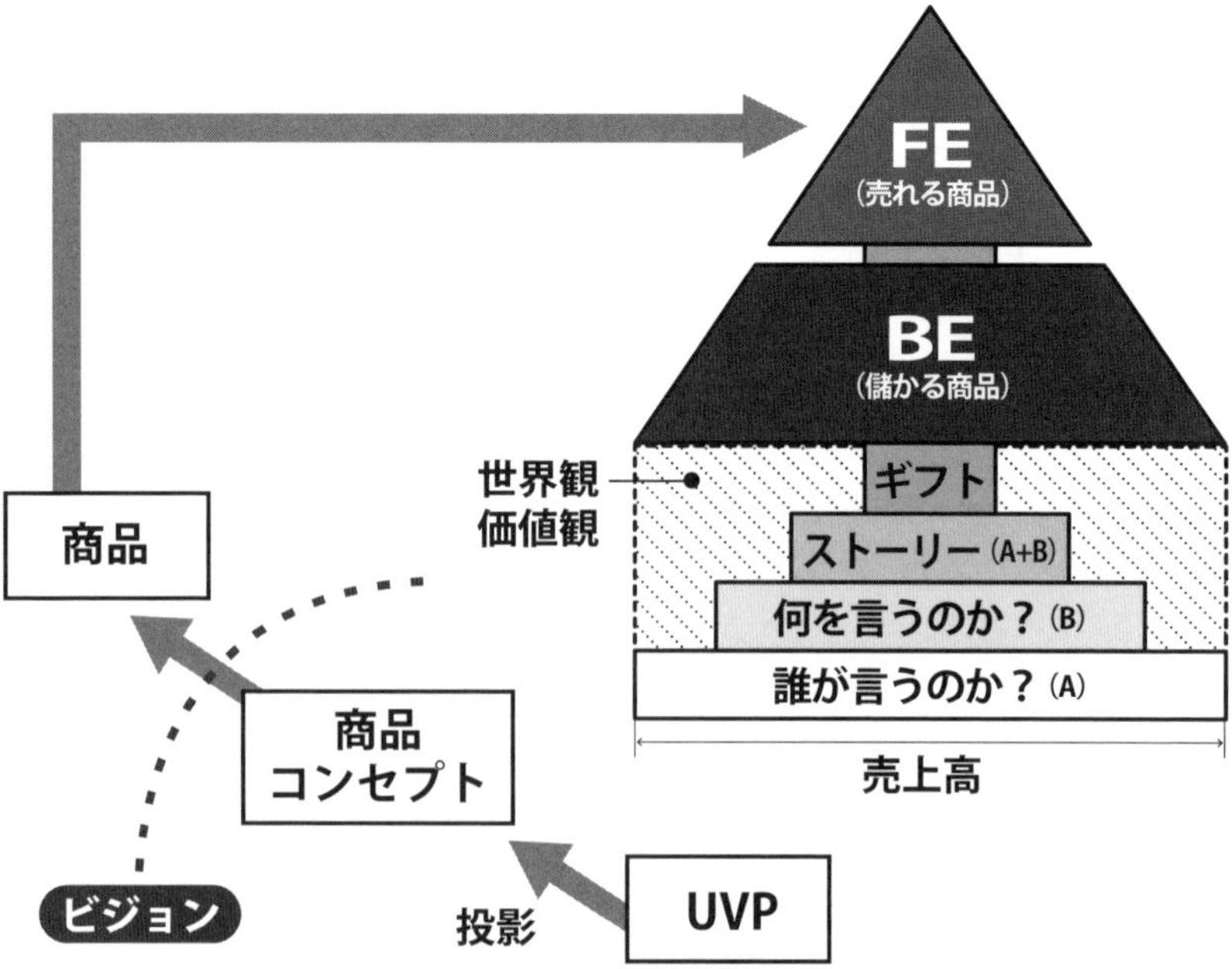

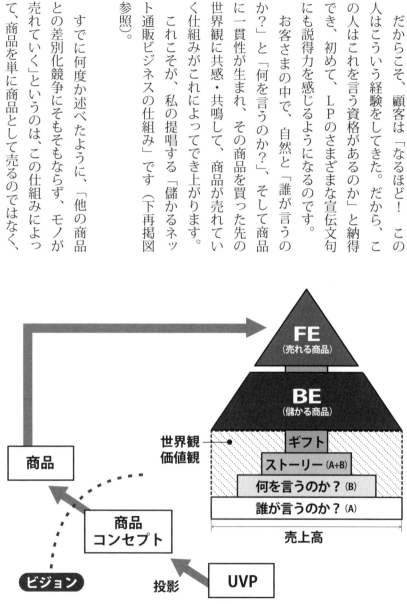

その人（社長）の実体験に基づく価値観をベースに、将来、お客さまが手に入れることになるイメージを、説得力のある形で見せながら売っていくからです。

結果として、あなた（の会社）でなければ提示できない、唯一無二の価値（ＵＶＰ）を市場に提示できるのです。

これが、**「ＵＶＰを商品コンセプトに投影して売る」**ということです。この「投影のやり方」を理解してしまえば、極端な話、どんな商品でも売れます。

前にも述べましたが、この方法こそが、小さな会社が億超えのネット通販ビジネスをつくり上げるための、唯一とも言える必勝法だと私は考えています。

## ビジネスにレバレッジをかけられる仕組みをつくれ！

商品を商品として普通に売っていても、ある程度の売上はつくれます。

しかし、その先が続きません。必ずどこかで売上が頭打ちになってしまい、売上が立たなくなる時期が来ます。また、売上を上げ続けるためには広告費を投下して、走り続けなければなりません。

ビジネスにレバレッジがかからないので、最終的に何か問題が起こったとき、体力的にも精神的にも、もっと言うと金銭的にも困窮してしまうことになりかねません。

だからこそ、**お客さまに商品を商品として売るな！**と私は言うのです。

自分の実体験に基づく価値観を、世界観へと昇華させて説得力をつくり、ただの商品ではなく「商品を使った先に待っている将来のイメージ」を売って、通販ビジネスにレバレッジをかけられる仕組みをつくること。これこそが、小さな会社が実践すべきブランドストーリーだと肝に銘じてください。

## 04 具体的なつくり込み方を身につける

ここまでの内容で、おおよその全体像は把握して頂けたと思いますので、ここからは再び、私のコンサルティングでのグループワークを再現する形で、細かい部分の具体的ノウハウを確認していきましょう。

### ① ターゲット1名を明確にする

■西　村：Aさん、前回のワークの結果を元に、今回は「何を言うのか？」をより細かくつくり込んで、商品コンセプトにAさんの世界観・価値観を投影するところまで進めたいと思います。

■Aさん：よろしくお願いします！

■西　村：まずは、顧客視点での「お宝キーワード」を決めるために、Aさんのネット通販ビジネスの明確なターゲット1名を決めるところから始めましょうか。

なお、「お宝キーワード」とは、ターゲットのお客さまが抱えている悩みや不安、そこから来る痛みなどを、ネットで検索する際のシンプルなキーワードに置き換えたものです。お客さまから見れば、**このキーワードを見ると自然と自分の抱える悩みや不安を呼び起こされる、という言葉**です。

それを決めるためにも、まずはどういう人をターゲットにするのかが明確になっていないといけないので、早速、Aさんの通販ビジネスのターゲット1名を明確にしていきましょう。

ちなみに、ターゲットが明確になっていないままお宝キーワードを考え始めると、そのキーワードには、見込み客に自分の抱える悩みや不安を呼び起こさせる力が十分に備わりませんから、注意してください。

■Aさん：わかりました。……とはいえ、どうやってターゲットを1人に絞り込めばいいのか、よくわかりません……（汗）

■西　村：大丈夫ですよ。実はもう、Aさんがターゲットにすべき1人は決まっています。

■Aさん：えっ！　いつ、私が決めたんですか？

■西　村：実はこのターゲットは、第2章の**「9マス自分史の箱」からつくったUVP構文に含まれているの**です。AさんのUVP構文は、次のとおりでしたね。

**生きづらい世界を一生懸命に生きる人にとって**
**夢と情熱が完全燃焼するための**
**ロマンで体中が満たされるサービス**

このうちの「生きづらい世界を一生懸命に生きる人」の部分が、Aさんにとっての明確なターゲットです。この部分は「9マス自分史の箱」で、Aさんのビジョンの共有をしてくれる可能性がある見込み客を表現していた部分なんです。

■Aさん：なるほど。確かに「生きづらい世界を一生懸命に生きる人」が、私のネット通販ビジネスのターゲットです。

## ② そのターゲットの不安や悩みを聞き出す

■西　村：ターゲット1名が明確になったら、今度はそのターゲットがどんな不安や悩み、そこからくる痛みなどを持っているかを、直接ヒアリングして聞き出していきます。

Aさんの場合は、身近な友人・知人などから「生きづらい世界を一生懸命に生きる人」を探して、その人に話を聞いてみる、という方法になるかと思います。あるいは、既存のお客さまの中から、そうした条件に合致した人を探してもいいですね。

■Aさん：なるほど。質問なんですが、このヒアリングは、必ずしなければなりませんか？

■西　村：そうしたヒアリングをする時間や費用がどうしてもないのであれば、ネット上の情報を参考に、明確な1人のターゲットの不安や悩みを探っていく方法もあります。

具体的には、たとえば「教えて！ｇｏｏ」や「ｙａｈｏｏ！知恵袋」などの**Q&Aサイトで、自分のターゲットと同じような条件の人がどんな不安や悩みを持っているのか、質問の内容を見ながら探っていくと参考になる**でしょう。

▼**「教えて！goo」　https://oshiete.goo.ne.jp/**

▼**「yahoo！知恵袋」　https://chiebukuro.yahoo.co.jp/**

また、検索サイトでどれくらい使われているキーワードなのかを調べるのも非常に役立つのですが、残念ながらこれにはＳＥＯ広告やＰＰＣ広告、検索サイトの検索アルゴリズムなどについての専門的な知識が必要となるので、誰にでもできる、というものではありません。

あるいは、アナログ的なアプローチだと、女性雑誌や総合通販のカタログなどの記事から、見込み客の「お悩み」や「不安」について、ヒントを引き出せることもありますね。

要は、あらゆる手段を使って、明確な1人のターゲットの不安や悩みを探り、リストアップしていくということです。そこから得られたキーワードの中から、「お宝キーワード」を探していくのです。

ただし、このときには「自分で考えない」ことが大切です。自分で考えると、リアルなキーワードになりませんから、できる限りネットやアナログから他人の「声」を拾って、そこから探すようにしてください。

■Aさん：う〜ん、ある程度のリストアップはできるかもしれませんが、それらのうちどれが一番、ターゲットに自らの不安や悩み、痛みをイメージさせられるのか、正しいキーワードを選べるかどうか自信がないですね……。

■西　村：そういうときは、ネット上でキーワードの検証ができるサイトやツールを使うのも1つの方策でしょう。非常に役に立つツールを紹介しておきます。

**▼「ターゲットサーチ」　https://target-search.net/login.php**

このターゲットサーチというツールは、私の会社も開発に携わったツールなのですが、「教えて！ｇｏｏ」や「ｙａｈｏｏ！知恵袋」での質問数、各検索サイトでの検索ボリューム、動画数、競合性、通販ビジネスとしての妥当性、広告としての効果など、さまざまな要素を総合的に判断して、個々のキーワードがネット通販で使うキーワードとしてどれくらい効果的なのかを、視覚的かつ科学的に判断できるツールです（有料ツールですが、最初の1〜4か月は無料で使用できます）。

こうしたツールを使って、正しい「お宝キーワード」を探すのもお勧めです。ただ、やはり実際の見込み客に、直接ヒアリングをするのが確実でしょうね。

あるいは、自分自身がそのターゲットの条件に合致する場合も多いでしょうから、その場合には自分の体験から、お宝キーワードの候補を選んでもいいでしょう。ただしこの場合は、「自分で考えない」という原則からは外れてしまうため、あとから検証ツールなどを使用して、効果的なキーワードかどうかを客観的に検証することが望ましいでしょう。

■Aさん：よくわかりました。
■西　村：では、Aさん。Aさんの設定した明確なターゲット1名である、「生きづらい世界を一生懸命に生きる人」には、どんな悩みや不安、痛みなどがあると思いますか？
■Aさん：そうですね……生きづらい生活を送っていると、絶対、体に疲れが出ると思うんです。たとえば、私も「生きづらいな〜」と思う世界を生き抜いてきた1人なのですが、私の場合には「疲れやすい」という症状が常にあって、それが悩みでした。
どれだけ寝ても、精神的に疲れているから体にも疲れが出やすいんですよ。そして朝起きても、まず出るのが「ハァ〜」というため息だったり……。
■西　村：Aさんの場合は、自分自身もターゲットの条件に合致する、ということですね。
「疲れやすい」、いいじゃないですか。これはAさんの悩みですが、「生きづらい生活」を送っている人には、疲れやすいという悩みを抱えている人はかなり多いと思いますよ。明確なターゲット1名の悩みの背景には、市場規模にもよりますが、1000人、1万人、10万人といった人たちの同種の悩みが隠れている可能性がありますからね。

ほかにも、「生きづらい世界を一生懸命に生きている人」の表情って、どこか曇りがちになってしまいますよね。その表情で生きていると、さらに人が離れていったり、卑屈になって人に当たってしまったり、人生がさらに悪い方向へ向かっていく気がします。それは、その人自身もわかっているんだと思います。だから、たとえば「笑顔になりたい」とか、「輝きたい」と感じているんじゃないでしょうか？　こういう連想からもキーワードが生み出せますね。

■Aさん：たとえば、「輝きたい」とか「キラキラ」なんかですかね。
■西　村：そうですね。
■Aさん：こうやっていろいろな仮説を立てて、お客さまの気持ちになってキーワードをリストアップしていけばいいんですね。
■西　村：そうです。また、先程言及した「教えて！ｇｏｏ」や「ｙａｈｏｏ！知恵袋」などのＱ＆Ａサイトで、「生きづらい」とか「一生懸命に生きる」といった関連ワードで質問を検索したり、他の通販会社のカタログや雑誌からキーワードを探し出したりしてもいいでしょう。とにかく、まずはこの「お宝キーワード」を選定しないことには始まりません。

そして、今回はＡさん自身の経験から引き出したキーワードですから、客観性を検証するためにいくつかの有力候補を選んで、本当にネット通販ビジネスのキーワードとして適しているか、確認するステップを踏みましょう。ここでは、先程紹介したターゲットサーチを使ってみます。

……

■Aさん：検証した結果、３つの中では「疲れやすい」という言葉がお宝キーワードとして一番適している、という結果を得ることができました。なので、これを私のネット通販ビジネスのＵＶＰ「何を言うのか？」における、お宝キーワードにしたいと思います。
■西　村：いいでしょう。ちなみに、ほかの検証手段としては、グーグルトレンドなどを使う方法が考えられるでしょう。

▼**「グーグルトレンド」　https://trends.google.co.jp/trends/**

# ③ 解決策を提示する

■西　村：さて、お客さまに自身の不安や悩みなどを想起させる「お宝キーワード」が決まったら、次に考えるのはその悩みや不安への解決策です。

■Aさん：これまた大変そうです。

■西　村：いえいえ、実はこの解決策も、もうすでにUVP構文の中に存在しています。

■Aさん：これもですか？

■西　村：はい。2行目の「△△△になるための」の部分が、お客さまに提示すべき解決策の内容を示しています。Aさんの場合は「夢と情熱が完全燃焼するための」でしたね。

ただし、ここはもう少し、Aさん自身の言葉で表現を深掘りをしていく必要があります。166ページの図表でも示しているのですが、前章で作成した4段構成のストーリーのうち、2段目の「ビジョン（新しい目標）」と、3段目の2つの敵のうち「新しい敵」と、ニュアンスや内容が連動・連結するように表現を工夫するのです。

早速ですが、Aさんは、ターゲットである「生きづらい世界を一生懸命に生きている人」たちは、どんな常識を持っていると思いますか？

■Aさん：そうですね……「生きづらい世界」と表現している時点で、いまの現状を周りの環境のせいにしている人たちがほとんどだと思います。「生きづらい」と思っていた当時の私の経験からしても、自分がダメな理由を、会社や上司のせいにしていました。

だから、ターゲットの人たちが持っている「常識」は、「自分が生きづらいのは、周りのせいだ」ということではないでしょうか。

■西　村：なるほど。「生きづらい世界を一生懸命に生きている人」にとっては「自分が生きづらいのは、周りのせいだ」という考えが常識になっている、というわけですね。とてもリアルで、すばらしいと思います。

これが、ストーリーの4段構成で言う「共通の敵（常識）」です。では、そういった常識に対する新しい常識、共通の敵（常識）に対する気づきというか、解決策としてはどんなものが考えられますか？　そうした人たちが、「夢と情熱を完全燃焼させる」にはどうすればいいでしょう？

■Aさん：う〜ん……「周りのせいではなくて、自分のせい」ということに気づくことでしょうか？少なくとも私に関して言うと、「自分が生きづらいのは、周りのせいだ」と思っていたのですが、あるきっかけによって「すべては自分のせいだ」と気づいて、それによって全部が変わりました。

また同時に、生きづらいと感じていて、その原因が周りの環境にあると考え、かつての自分のように悩み続けている人がたくさんいる、ということにも気づいたんです。

だからこそ、そういったかつての自分と同じような状況にある人を救いたいと、「9マス自分史の箱」で「生きづらい世界を一生懸命に生きている人を救う」ということを、ビジョンとして掲げているわけです。

■西　村：すばらしいですね！　「自分が生きづらいのは、周りのせいではなくて、実は自分のせいだった」という気づきが、Aさん自身の夢と情熱を完全燃焼させるための解決策になったわけです。これは当然、ターゲットの人たちへ提示すべき解決策としても、有効なものになると思います。

このように、**ターゲットへ提示する解決策も、UVP構文から連想してつくります**。

共通の敵（常識）と、新しい敵（気づき）をAさん自身の言葉で考えると、その新しい敵（気づき）が解決策になるんです（下図参照）。

■Aさん：なるほど……。でも、これは確か……第2章のストーリー作成の部分でもやりませんでしたか？

■西　村：そのとおりです。なぜここでもう1回やるのかというと、**「何を言うのか？」と「誰が言うのか？」を、お客さまから見て違和感がないように、すり合わせる作業をしている**からです。つまり、世界観や価値観のズレが生じないように、整合性をとっているんですね。

■Aさん：……？

■西　村：お客さまは168ページの図のように、まずは「製品」を見て、次に「ネーミング」を見て商品の大まかな理解をし、「お宝キーワード」で悩みや不安を刺激されて「それって、自分のこと？」と自分事化します。

そのあとに初めて、「ベネフィット1」と「ベネフィット2」を見て、購

| UVP構文 | 共通の敵（常識） |
|---|---|
| 生きづらい世界を一生懸命に生きる人にとって<br>夢と情熱を完全燃焼させるための<br>ロマンで体中が満たされるサービス | 自分が生きづらいのは周りのせい |
| | **新しい敵（気づき）** |
| | 自分が生きづらいのは自分のせい<br>＝解決策の提示 |

入するかどうかを検討します。

この最後の段階のときに、**お客さまが「あっ、なるほどね！」とギャップを感じないと、なかなか共感や共鳴が生まれません**。

「誰が言うのか？」の4段構成のストーリーのうち、「共通の敵vs.新しい敵（気づき）」の部分は、こうしたギャップを生むための装置でもあります。しかし、ストーリーを読んでいて、「誰が言うのか？」の部分と、「何を言うのか？」の部分に、世界観や価値観のズレがある状態になっていると、それがお客さまに違和感を生んで、そこがネックになって共感をしてもらえなくなってしまうのです。

■Aさん：なるほど。

■西　村：もっと言えば、いま悩んでいる人にとっての「新しい敵（気づき）」となる内容が、「ベネフィット2」につながり、「ベネフィット2」からつくったキャッチフレーズを端的に表現したものが、製品のネーミングにまでつながっていきます。この部分は、あとでもう一度説明します。

■Aさん：はい。

■西　村：とにかく、**一貫性を維持しないとお客さまにメッセージが伝わりません**。

さらに、「気づき」をそのまま伝えても、人は無意識のうちに「見ない」「信じない」「行動しない」という3つの心の壁を持っているので、なかなか事業者の言いたいことが伝わりません。

これらの心理的な壁を突破するために必要な技術が、ギャップをつくることなんです。**「えっ、そうなんだ、なるほどね！」となるギャップを伴った形で伝えると、ターゲットの心にメッセージ**

**がストレートに伝わります**。

この現象を、私は**「巻き込み」**と表現しています。

■Aさん：なぜ、ギャップがなければ巻き込みをすることができないのでしょうか？

■西　村：人間は、無意識下で「騙されたくない」という欲求を持っているからです。たとえば、商品のチラシにただ「ビフィズス菌は腸によいのでお勧めです」などと書かれていたら、多くの人は「本当かな？」と疑ってしまいませんか？

■Aさん：そうですね。

■西　村：では、「一般に腸には乳酸菌が大切と言われているけれども、実は腸内の乳酸菌はわずか0・1％であり、実際には腸には乳酸菌よりもビフィズス菌のほうが大切なんです！」と言われたらどうでしょう？

■Aさん：さっきよりもビフィズス菌に対するイメージが上がりますね。ただ、それでも少し疑ってしまうかもしれません。

■西　村：そうですよね。それは、「騙されたくない」という無意識の欲求があるからです。しかし、なかにはこの文章がドカンと響くお客さまがいるのです。Aさんがこの商品のターゲットに入っていないから、「なるほどね！」と思うことができないだけなんです。

この例でのターゲットは、「毎日ヨーグルトを食べているけれども、腸の調子がまったく改善されないなぁ」という悩みを抱えている人ですが、そういう人にとっては、「実はヨーグルトでとれる乳酸菌は、腸内細菌全体では0・1％しかいない少数派なんです。本当に腸にとって大切なのは、乳酸菌ではなくビフィズス菌のほうなんです！」と言われると、「えっ、そうなんだ、なるほどね！」となるのです。お客さまの巻き込みが起こり、ビフィズス菌のサプリなども購入してくれる、というわけです。

■Aさん：なるほど〜。

■西　村：このようにギャップを伴って伝えることによって、伝えたいことがより大きな説得力を持って伝わります。**このとき、先程のAさんのように、そのギャップを伝えたいターゲットの中に相手が入っていないと、巻き込みは起きず共感も起こりません。**当然、購入にもつながらない、ということは覚えておいてください。

■Aさん：よくわかりました。

■西　村：明確な1人のターゲットをつくったり、その人の不安や悩みから「お宝キーワード」をつくったりしたのは、そのターゲットに「えっ、なるほどね！」と言わせやすいギャップをつくり出すためでもあるんです。

ちなみにギャップをつくるときに使用できる切り口として、次の9個がありますから、参考にしてください。

**①　価格訴求**

**②　限定感**

**③　実績訴求**

**④ 不安、悩み訴求 ⟷ 安全・安心訴求**
**⑤ 年齢訴求**
**⑥ 実感訴求（気づき）**
**⑦ トレンド・新規性訴求**
**⑧ 歴史訴求**
**⑨ 機能性訴求（スペック）**

それぞれ簡単な事例も列挙しておきましょう。

① 価格訴求 例：「1日3プッシュで30日も使用できる！」
② 限定感 例：「50個限定生産！」「期間限定！ 20％オフ」
③ 実績訴求 例：「過去15万件の相談実績！」「楽天市場4年連続No.1」
④ 不安、悩み訴求 ⟷ 安全・安心訴求
例：「毎日ヨーグルトを食べているはずなのに、腸の調子が悪い」
↓「実は腸によいのは乳酸菌ではなく、ビフィズス菌なんです！」
⑤ 年齢訴求 例：「60歳なのに、この肌の質感！」
⑥ 実感訴求（気づき）
例：「自分がいかに責任感がないのかを、この〇〇〇をとおして知りました」

⑦　トレンド・新規性訴求
　　例：「いま、女子高生のあいだで人気沸騰中！」
⑧　歴史訴求　例：「780年続く由緒正しきお寺」
⑨　機能性訴求（スペック）例：「他社比60％の燃費改善！」

これらは、雑誌や通販カタログの類似のキャッコピーを、自社の商品やサービスにも適応できないか当てはめて考えてみると、アイデアがどんどん湧いてきますよ。

■Aさん：ちなみに、ここで「天然○○成分が入っているから、疲れにいいんです！」といった権威性や特徴をウリとして出すのはダメですか？

■西　村：そのやり方は、大手企業の手法なのでダメなんです。
　ここで、あなたが権威性を使って解決策を提示してしまうと、コンセプトやキャッチフレーズ、ネーミングなどにもすべてその要素が表れてしまい、「誰が言うのか？」でせっかくつくり込んだストーリーと大きなズレが生じて、一貫性を失ってしまいます。これが違和感となってお客さまに伝わり、売れなくなってしまうのです。
　何度も言いますが、ここで**大切なのは「誰が言うのか？」と「何を**

<table>
<tr><td rowspan="4">UVP構文<br><br>生きづらい世界を<br>一生懸命に生きる人にとって<br>夢と情熱を<br>完全燃焼させるための<br>ロマンで体中が<br>満たされるサービス</td><td>共通の敵（常識）</td><td>ベネフィット１<br>（解決策を得て、直接的に得られるメリット／特徴）</td><td>ベネフィット２<br>（解決策を得て、将来的に得られる世界）＝コンセプト</td></tr>
<tr><td>自分が生きづらいのは周りのせい</td><td></td><td></td></tr>
<tr><td>新しい敵（気づき）</td><td rowspan="2">自分の中の夢や希望が完全燃焼できるようになる</td><td rowspan="2">ロマンで体中が満たされ、達成感のある毎日を送れるようになる</td></tr>
<tr><td>自分が生きづらいのは自分のせい<br>＝ 解決策の提示</td></tr>
</table>

**言うのか?」、そして商品の3要素すべてに一貫性を持たせること**です。ですから、絶対に「天然○○成分配合」「特許取得」などとは主張してはいけません。

■Aさん：了解です。

## ④ コンセプトをつくる

■西　村：③でつくった「解決策」を顧客に提示して、一体どのようなベネフィットを顧客が得られ、さらに、将来にどのような世界を手にできるのかをひとことで表したのが商品の「コンセプト」です。ここでは、先程の解決策からコンセプトをつくってみましょう。

　Aさん、Aさんの商品を使うことでお客さまが「自分が生きづらいのは、実は自分のせいだったんだ」という解決策を得て、一体、お客さまはどんなベネフィットを得ることができるんですか?

■Aさん：もちろん、「自分の中の夢と希望が完全燃焼できるように」なります。つまり、夢や希望に向かって前向きに歩き出せ、そこに向かって完全燃焼できるようになる、ということです。

■西　村：そうですね。では、もう少し聞きますが、「自分の中の夢と希望が完全燃焼できる」ようになることで、お客さまはどのような将来を得ることができるのですか?

■Aさん：「ロマンで体中が満たされ」、達成感のある毎日を送れるようになります。

■西　村：それこそが「ベネフィット2」、つまりお客さまが商品を使って将来に得られる価値であり、イコール「コンセプト」になります。

つまり、**すべてはAさんのUVP構文から簡単に導ける**、ということですね（194ページ図を再参照）。

## ⑤キャッチフレーズにする

■西　村：④で作成したコンセプトを、さらに短くしたのが「キャッチフレーズ」です。

先程も示したとおり、このキャッチフレーズと「誰が言うのか？」の必殺のキャッチフレーズは、同じにならなければなりません。一字一句まったく同じキーワードでなければならないというわけではなく、同じような世界観をつくり上げているキーワードである必要がある、ということです。何度も述べているように、価値観や世界観が一致しているからこそ、そこに共感が生まれ、確固とした意味づけがされたブランドも生まれてくるのです。

Aさんの場合であれば「ロマンで体中が満たされ、達成感のある毎日を送れるようになる○○（商品）」というのがコンセプトになるわけですが、キャッチフレーズにはこれだと長すぎるので、この内容を全角13文字相当でまとめ直してください。このように、**コンセプトを13文字相当にまとめたものがキャッチフレーズとなります**。

■Aさん：なぜ、13文字でなければならないんですか？

■西　村：脳科学的に、全角で13文字前後の文字数が、ヒトが一度に知覚できる範囲の限界だと言われているからです。豆知識ですが、実はｙａｈｏｏ！ニュースなども、見出しはすべて全角13文字相当でつくられているんですよ?
■Aさん:そうなんですか。なるほど~。
■西　村:では、早速まとめてみましょう。

……　……　……

■Aさん:できました。「ロマンに溢れた世界をつくる」でどうでしょう?
■西　村:なかなかいいですね。さらに言うと、いまつくったキャッチフレーズを、さらに短く表現した言葉が商品のネーミングへとつながっていきます。

……　……　……

■Aさん:これで、「何を言うのか?」の5つのステップはすべて終わったという認識でよいですか?
■西　村:いいえ、まだです。最後に、第2章で作成した4段構成のストーリーの最後、「UVPに基づく必殺のキャッチフレーズ」と、「何を言うのか?」で作成した「キャッチフレーズ」のニュアンスが合致するかどうかを確かめてください。

Aさんが第2章で作成した「必殺のキャッチフレーズ」は、以下のとおりでしたね。

**「だからこそ、今度は過去の自分のように人生を生きづらいと思っている人が感動し、涙を流し、再び『頑張ろう』とワクワクするようなロマンを提供していきたい」**

これと、先程の「ロマンに溢れた世界をつくる」というキャッチフレーズを比較して、ニュアンスや雰囲気、価値観などにズレがないかを確かめます。ここで合わなかった場合には、再度ストーリーを切り出す箇所を変えてみたりしながら、整合性をとっていってください。

■Aさん：よく合致していると思います。

■西　村：そうですね、私もこれでOKだと思います。

■Aさん：一貫性が崩れないようにするための作業を、徹底的にところどころでやっていくのですね。想像以上でした。

■西　村：そうなんです。これは、少し泥臭い作業にはなりますが、**この整合性をとる作業があってこそ、初めて全体に一貫性が生まれます**。経営者の方は、「細部の整合性がとれないことだけで、本当にそんなに大きな影響が出るのだろうか？」と疑問に思う方が多いのですが、このちょっとした違和感というのに、消費者は非常に敏感なのです。決して甘く見てはいけません。

■Aさん：なるほど。

■西　村：この一貫性がどれほど大切か、また、この一貫性をしっかりとつくり込むことによって、どれだけの巻き込み力が生じるのか、決して忘れないでください。

　ここまでに作成してきた材料を使えば、反応率の高いLPも簡単につくれますし、どんな商品を計画すればいいいか、わからないこともなくなるはずです。

■Aさん：西村先生、ありがとうございました！

## 章のまとめ

・「誰が言うのか？」を示す４段構成のストーリーと連結・連動するように、「何を言うのか？」をつくり込んでいくこと。

・そのつくり込みは、「ターゲット１名の明確化」→「ターゲットの悩み・不安を探る」→「解決策の提示」→「コンセプトの作成」→「キャッチフレーズの確定」の順に行えばよい。

・お客さまが商品を購入するまでの視点は、「製品」→「ネーミング」→「お宝キーワード」→「ベネフィット１」→「ベネフィット２」の順で推移していく。これらの顧客視点を意識しながら、「何を言うのか？」をつくり込んでいかなければならない。

・すべての要素で、価値観や世界観にズレが出ないようにすることが非常に重要。商品のネーミング（商品名）も同じで、ここがズレているとそれだけで売れない。

・「何を言うのか？」を言う資格を与えてくれるのが、「誰が言うのか？」を示す４段構成のストーリー。

・ターゲット１名は、「９マス自分史の箱」からつくった UVP 構文から導ける。

・ターゲットの不安や悩みは、直接のヒアリングで探るのが確実。難しいときは、ネット上の Q&A サイトの悩み相談を見たり、女性雑誌や他社の通販カタログなどから探す手もある。

・選んだキーワードがネット通販で使うのに適したものか、確認できるツールがある（ターゲットサーチなど）。

・解決策やベネフィットも、UVP 構文から導ける。

・ギャップを伴う形で伝えると、ターゲットの人にはズドンと響く。

・とにかく一貫性がないと、お客さまは微妙な違和感を抱いて共感してくれない。すなわち売れない。

# 第4章

# 1か月目に実施する「仕組みづくり」に役立つ法則18

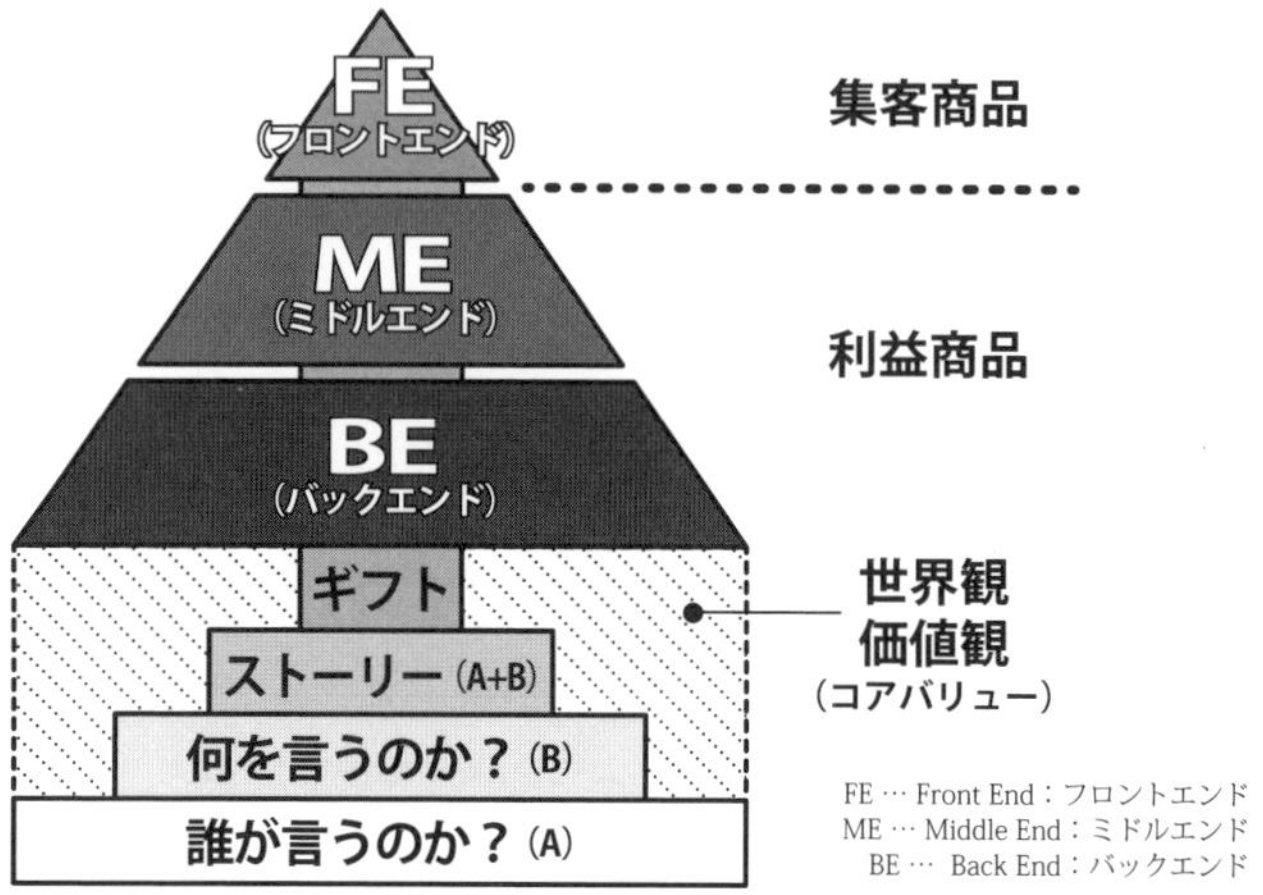


ＵＶＰの構築ができたら、世界観やギフト、ストーリーなどに密接に関係する形で、商品の企画や儲かる仕組みを組み立てていきます。

ここでの注意点は、**利益商品で構成されたバックエンドから全体を組み立てる**こと。集客を目的としたフロントエンドの商品から全体を組み立てていくと、商売っ気が強すぎる構成となり、お客さまに敬遠される危険性があります。

必ず、ＵＶＰ→バックエンド→フロントエンドの順に儲かる仕組みを組み立てていきましょう。

なお、ここまではわかりやすくするためにバックエンドとフロントエンドの２段階構造で説明していましたが、実際にはバックエンド商品とフロントエンド商品のあいだに、他の商品との併せ買い（クロスセル）を狙った**「ミドルエンド」**の階層もつくるように意識してください（上図参照）。

第４章ではこうした商品の企画や、仕組みづくりの際に役立つ具体策を、「〜の法則」の形でいくつか紹介していきます。

# 1 「巻き込み」の法則

**すべてのお客さまの初回購入日から、2回目の購入日までの期間を把握し、この期間ができるだけ短くなるようお客さまを巻き込んでいく**

すでに通販ビジネスを行っている会社でも、意外に重要性に気づいていないところが多いのですが、**お客さまの初回購入から2回目の購入までのリピート間隔は、非常に重要な指標の1つとなります。**そのため、小さな会社でも必ず集計して、常にチェックするようにしてください。

ここで注目する初回リピートまでの期間は、**「初回購入から1か月以内」**というのを、一応の目標値にするといいでしょう。割合としては、**初回購入のお客さまの20％以上がこの期間内にリピートする**ことをめざします。

これくらいの数値があると、多くのお客さまには、みなさんのビジネスへの帰属意識が生まれています。

ただ、年商5億円を叩き出していたある健康食品の通販会社でも、初回リピートまでの期間が平均75日あったことがありますので、商材やビジネスモデルなどによっては、この数字は多少、幅を見てもいいようです。自社に合致する目標値を探るためにも、ただ売るだけではなく、個別のお客さまごとにデータを集計していくことが大切です。

とはいえ、先程述べた目標値はしっかり意識してください。また、**前回購入から90日以上が経過すると、一般にはリピート購入の可能性がまずなくなるとされている**ことも、覚えておきましょう。

さて、そのうえで現状の初回リピートまでの期間が、目標値よりも長いのであれば、この期間を短縮するためにできる限りお客さまを**「巻き込んで」**いきます。

定番は、各お客さまへの「誕生日（誕生月）限定ディスカウントの提案」や、「お得意さま限定スペシャルセール」といった、特別感を打ち出す仕掛けです。これらに、通常の季節ごとのセールなども組み合わせて、事前に個別の販促スケジュールのパターンをつくっておき、それに従ってお客さまへの接触を図り、継続的にリピート購入を促していきます。

**常にお客さまを動機づけし、お客さまの行動を促すことによって、お客さまの「帰属意識」が強まります**。帰属意識が強まると、何度もＬＰやマイページ（ＩＤとパスワードでログインできる個々のお客さまの専用ページ）を確認して、情報の更新がないかを確認するようになりますので、当然リピート購入までの期間も短くなりますし、リピート率も高まるのです。

このほかにも、お客さまを巻き込み帰属意識を高める手法として、次のような方法も考えられます。

- **お客さまと一緒に新商品をつくる企画を行う**
- **お客さまが販売元に改善要望やアイデア提案をできるように、意見交換用の掲示板を設ける**
- **お得意さま座談会の実施**

**・会員からの新商品のモニター募集**　など

マズローの欲求5段階説によれば、お客さまは生命維持といった「生理的欲求」が満たされていると、次に安全・安心を求める「安全欲求」、次に集団への帰属を求める「社会的欲求」が表れ、さらにここも満たされると、他者から認められたがる「自己承認欲求」、最後に創造的な活動を求める「自己実現欲求」が表れてきます。

お客さまを巻き込んでいくときには、こうした欲求の移り変わりも意識して、自社への帰属意識をより深めてもらえるようアプローチするといいでしょう。

具体的には、先進国では通常、生理的欲求はすでに満たされており、商品の購入で安全・安心も一応満たされていますから、そこから会員限定セールなどで社会的欲求を満たし、モニターや座談会、新商品企画への参加を通じて、自己承認欲求や自己実現欲求も満たしていく、というような順番です。

## 2「やめたらもったいない」の法則

### 始めるのは簡単に、やめると損をするようにしておくこと

たとえば、スマホや携帯電話の契約や、サーバーの保守契約などは、一度選んだらなかなか他社へ

切り替えることがありませんよね？　それは、入会するときにはたくさんのメリットがあるのと同時に、すでにそれらのメリットを享受しているのに、契約を解除して退会をするとさまざまなデメリットが生じる仕組みになっているからです。

みなさんの行うネット通販ビジネスにおいても、こうした仕組みをうまくまねするようにしてください。

たとえば、定期購入の会員制度をつくり、会員になると大きく値引きした会員価格での購入や限定セールへの参加ができるけれども、退会してしまうと通常価格での購入だけになってしまう、というような仕組みです。さらに、会員登録を継続していればいるほどポイントを得られるけれど、退会してしまうと使えなくなる、退会の受付を電話のみにする、といった形で、それぞれに工夫して、お客さまが退会をためらうような仕組みをつくって継続を促してください。

こうした**会員制度は、前項で述べたお客さまの帰属意識を高め、さらにそれを維持するのにも非常に役立ちます**。

よって、ネット通販ビジネスでは、**月に最低3回は自社のマイページにログインしてもらえることを目標としましょう**。月に3回以上は自社情報に接してもらえないと、お客さまは帰属意識が希薄になり、リピート購入してくれません。

これはなかなか達成が難しい目標です。ＤＶＤやニュースレターなどの一方的なコミュニケーションツールだけでは目標達成は難しいでしょう。人気のある他社のサイトを研究し、それを参考にしつつ、常にチャレンジと検証を繰り返していくことが求められます。

たとえば、人気のあるキャラクターを用いて専用サイトに誘引する、なども1つの方法です。ただし、既存のキャラクターには著作権がありますから、法律違反にならないようにきちんと許諾をとって、使用料を払うことが必要です。もちろん、自社で親しみやすいキャラクターをつくるのもいいでしょう。

# 3「やめる理由をなくす」の法則

## お客さまを迷わせなければ、会員をやめる理由がなくなる

お客さまが会員制度をやめていく理由は、主に以下の3点ですから、こうした欠点を常に潰していくことも忘れないでください。第1章でも述べたように、自社のビジネスモデルにおけるボトルネックをなくしていく意識が大切です（67ページ参照）。

### ① ルールや商品の使い方が、しっかり説明されていない

ここで言う「ルール」には、「会員サイトの使い方」という意味と、「自社のビジネス全体を通じてのルール」の両方の意味があります。会員サイトの中に、この2つのどちらもが明確に書かれていないと、お客さまはサイトをチェックしていてフラストレーションを感じ、解約や退会をしがちです。**会員サイトの使い方は、誰が読んでも意味がわかるように、簡潔に、平易に書くこと**。また、ルー

ルもあまり複雑にしないことが大切です。

自社のビジネス全体を通じてのルールのほうは、言い換えれば「どんなビジョンや夢を持って、ビジネスに取り組んでいるのかをお客さまに示したメッセージ」です。第2章と第3章で作成したUVPから、必要と思われる材料をしっかり抜き出し、サイト上にも明記しておいてください。

もちろん、商品の具体的な使い方も、しっかり記載しておくことは必須です。

## ② 新規のお客さまのためのガイドがない

これらのルールや商品の使い方については、新しく会員となったお客さまにも、すぐに理解できるガイドが用意されていなくてはなりません。**そうでないと、新規のお客さまは疎外感を感じて、すぐに退会してしまいます**。

新規のお客さまに、必ずしもネットのリテラシーがあるわけではありません。そのため、**紙の保存用ガイドブック（ブランドブック）**を用意しておくことも必要でしょう。

初回購入時などに、商品に同梱して提供するようにしておき、ルールや商品の使い方などを最初に、しっかりとお客さまへ伝えられるようにしておきましょう。

こうした紙のガイドブックは、ネットのリテラシーがあるお客さまであっても、スマホやパソコンを立ち上げるのが面倒なときに役立ちます。

### ③ マニュアルが複雑で古い

商品やサービスのマニュアルは、お客さまも運営側も使いやすいように、大枠を記載したシンプルなものを用意し、常に現場やお客さまの意見を取り入れて進化させていきましょう。

数年前につくってからずっと放置しているマニュアルでは、新しい情報を反映していないことも多く、そうするとお客さまは現行のルールがわからないのでフラストレーションを溜め、退会やクレームの発生につながります。決して、机上のマニュアルにしないことが大切です。

こうしたボトルネックを解消してあげると、お客さまはストレスなくお買い物ができます。**ストレスを感じないあいだは退会を考えません**から、大事なお客さまを逃さないように、「やめる理由」をきちんと潰していってください。

## 4 「ワクワク・ドキドキ ＋ 実体験」の法則

**ネットでは伝わりにくい情緒的価値は、工夫して実体験させる機会をつくる**

ネット通販ビジネスの指標として、年間リピート率60％をめざすことが重要、ということを前述しました。

それには、統一された世界観や価値観の下で、その商品から直接的に得られるベネフィット1と、

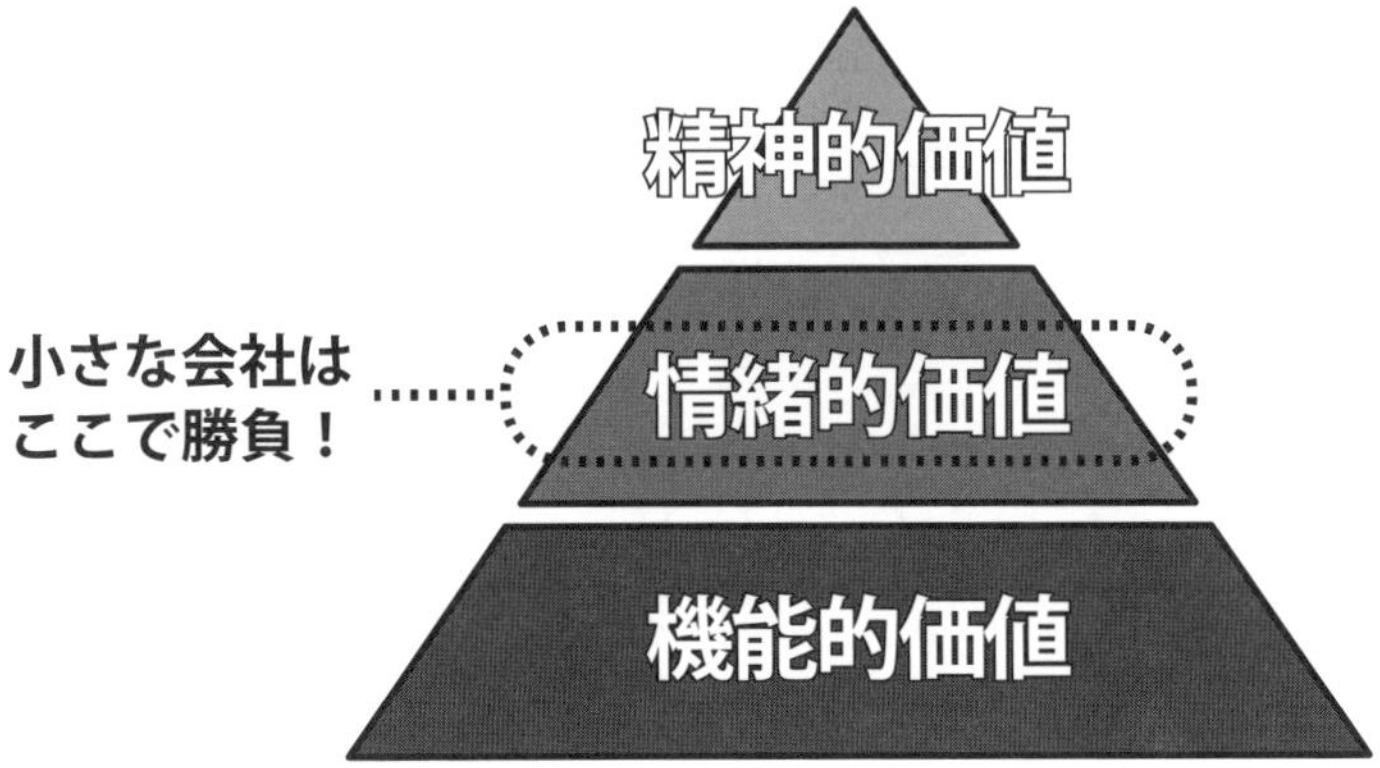


将来的に得られるベネフィット2を同時に伝えなければなりません。

お客さまに「価値」を存分に届けないといけないのですが、この**「価値」には、上の図に示した3つの階層がある**とされます。

この3つの価値は、どれも伝えなければなりません。ただし、このうちの機能的価値と精神的価値では、小さな会社は大手の通販会社に太刀打ちできません。どちらも、エビデンスや権威性が、説得力をことさらに大きくする要素だからです。

そこで、**小さな会社の価値提供では、特に情緒的価値の部分で勝負することが必要**です。

情緒的価値とは、感情や体験から生じた価値、あるいは感情や体験に訴求する価値のこと。要するに、「人の感情を表す擬態語や擬音語で表せる価値」のことです。

擬態語の例としては、ワクワク、ドキドキ、イライラ、ウズウズ、スッキリ！　などがよく使われます。

最近は、「売れるコピーには体験価値を入れろ！」などと言われることがありますが、この体験価値も情緒的価値の一例で

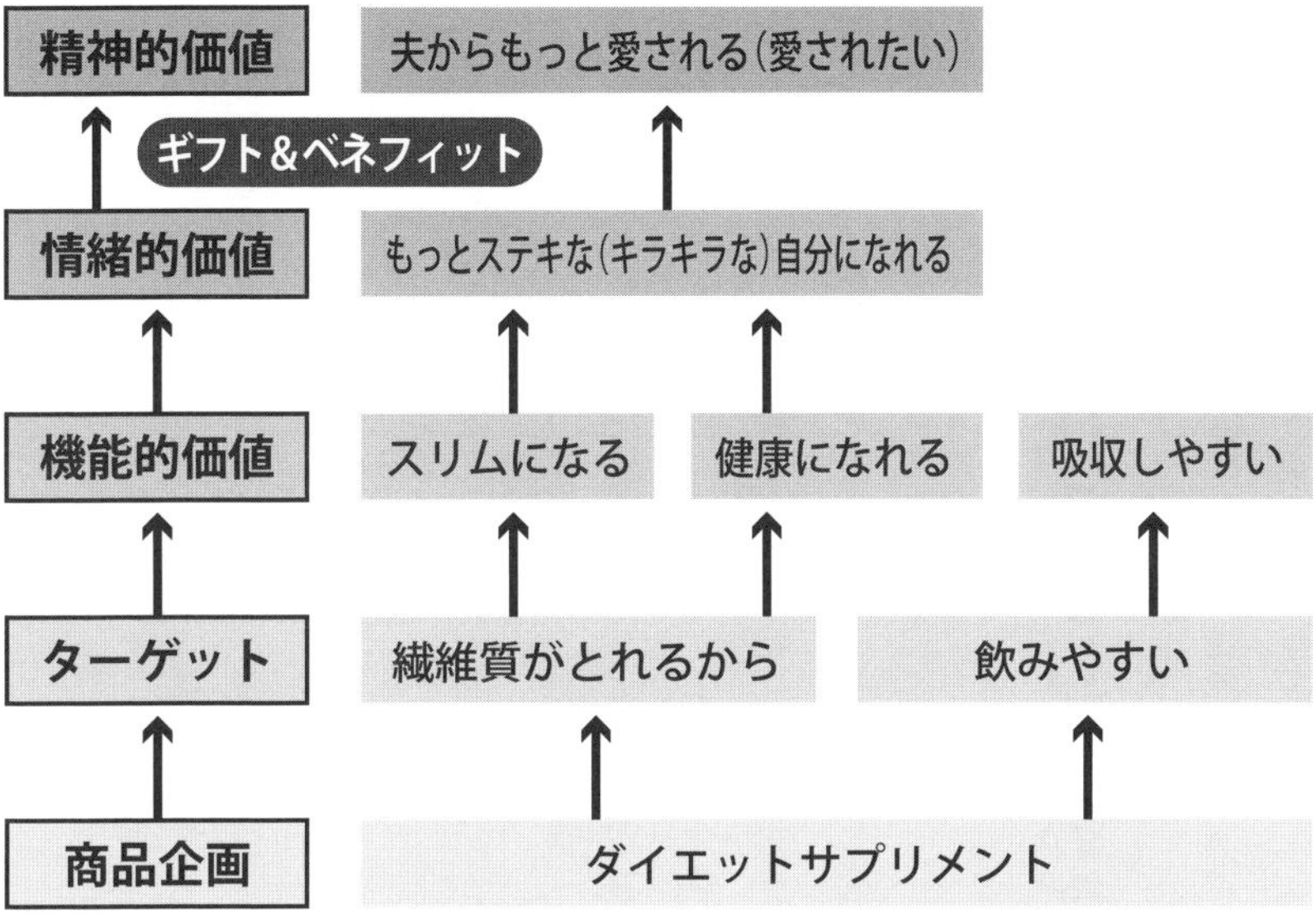


す。

なのでみなさんも、**LPなどのコピーには、こうした擬態語を入れるように意識すべき**だと思います。

なお、ダイエット用のサプリメントの例で、3つの価値がどのように組み合わされているかを示したのが上の図です。

こちらも参考にしてください。

また、情緒的価値をお客さまに伝える手法としては、**お客さまに商品やサービスを実体験してもらう機会をつくる**ことも役立ちます。

たとえば、私のお客さまの中に、漆喰《しっくい》の通信販売をされている社長さんがいます。

漆喰とは、壁や天井などに使用される塗料のことで、石灰とふのり、粘土などをねり合わせたものです。

この漆喰は、焼肉などの食物の強い匂いを吸収する特長を持っています。しかし、単にネット通販で販売するだけでは、こうした漆喰のよさはなかなか伝わらず、年間リピート率もずっと60％を超えませんでした。

そこで、漆喰のよさを感じてもらうため、実際に漆喰を塗る体験ができる教室やサロンを開催したところ、家族連れで参加する人が多く集まりました。そこで漆喰塗りの実体験をしたお父さんが、試しに自宅のクローゼットの壁を漆喰で塗ってみたら、奥さんや子どもに大好評で、また違うところの壁を塗りたくなるのです。

そうすると、どんどんと漆喰のお代わりをし、初めはクローゼットの壁だけだったのが、子ども部屋やリビングの壁にも挑戦し、最終的には家1棟の壁にまるごと漆喰を塗った、というお客さままで現れました。こうした施策によって、年間リピート率も60％を超えたのです。

あなたのビジネスがたとえネット通販を主戦場としたものであっても、このようにお客さまに実体験してもらえる機会を用意しておくと、情緒的価値・体験価値をしっかり伝えることができます。**必ずしもネットだけにこだわらず、実体験ができる機会を可能な限りたくさん設ける**ように心がけてください。

## 5 「売り込みよりもお客さまの声」の法則

**商品への同梱物は統一した世界観で作成し、いきなり売り込まずに「お客さまの声」や「Q&A」を中心にする**

商品への同梱物についても言及しましょう。

大手通販会社のものをまねて作成するケースが多いのでしょうが、何も考えずにつくっていては、その後のリピート購入を促進させることはできません。

一般的には、次のようなものを入れてください。

・感謝状（ご挨拶）
・特典の紹介と申込みハガキ
・返金保証のお知らせ
・お客さまの声、Q＆Aのお知らせ
・定期購入へのご案内（その都度購入からの誘引）
・ルールや商品の使い方についての保存用ガイドブック（ブランドブック）　など

これらの同梱物の作成に当たっては、**会社のキーカラー（コーポレートカラー）を決めておき、その色を意識してつくる**ことも必要です。**デザインの雰囲気や使用する書体（フォント）なども、できる限り統一する**ようにしましょう。

なお、色にもイメージがありますから、会社のキーカラーは自社のＵＶＰともイメージを合わせておくことが必要です。こうすることで、世界観に統一性が出てくるのです。

もちろんＵＶＰの「誰が言うのか」「何を言うのか」「ストーリー」「ギフト」「世界観」といった5

つの要素は、同梱物の内容にもしっかり盛り込むことが必須です。

また、**初回購入の同梱物では、いきなり売り込みをしすぎないことも大切**です。初回特典や定期購入制度の紹介は必要ですが、ここで拙速に販促キャンペーンなどのお知らせを入れてしまうと、お客さまはまだしっかり帰属意識を持っていないので、サッと引いてしまいます。むしろ**初期の段階では、リアルな「お客さまの声」や「Q＆A」を伝えることに力を入れてください。**

実は多くのお客さまは、商品を販売元が思っているようには使っていません。

たとえば、あるコンサル先で首やデコルテ用のクリームを開発したことがありましたが、アンケートなどでお客さまの声を集めると、意外なことに首やデコルテだけに使うのではなく、デコルテ周りに塗ったついでに、お尻の引き上げのために臀部《でんぶ》にも塗っている、というお客さまのリピート率が非常に高かった、ということがありました。

お客さまはこのようにいろいろな使い方をするので、メーカーとしての本来の使い方の基準を明示したうえで、こうした他のお客さまの使い方の実例や「声」をコンテンツとして伝えると、大変喜ばれます。

**最初から売り込まず、初めはこうした「本当に役立つ情報」を伝えて、お客さまを教育する**ことを意識してください。

初回購入のあとにはステップメールなどで順次お客さまへと接触していきますが、ここでも、最初は販促キャンペーンの比率を抑えめにし、お客さまの声を多めにしておきましょう。

失敗している通販会社のステップメールは、販促キャンペーンの割合が非常に多く、その結果、メールの拒否率が60％を超えるケースも少なくありません。

お客さまの教育が進むにつれて、販促の要素も次第に多く入れていくようにすれば、お客さまの脱落を防ぎながら、自社への帰属意識を高めることができるでしょう。

なお、こうした**お客さまの声は、事業者側で勝手に作成しない**ことも重要です。

## 6「ワンクッションで反響倍増」の法則

**商品の箱を開けてもすぐに中身が見えないように、薄い中敷きを入れること**
**また、その上にチラシを入れると反響率が高いので、戦略的に使用すること**

同梱物に関しては、中敷きも戦略的に使いましょう。アパレルやファッション小物系の商材では、特に有効な方法です。

アパレルの場合、箱の中で折りジワがつかないように商品をフワッと入れるのですが、その上に「薄紙」（薄いセロハンのような紙）を入れて**中敷き**とする場合があります。

その中敷きの上に、通常は納品書などを入れるのですが、**ここに併せてチラシなどを入れると、商**

**品を開けたときにそのチラシが必ず目に入るので、内容を確認してもらいやすく、中敷きの下や商品の下に入れるより反響率が高くなります**。

商品を梱包する順番という細かいことですが、チラシを入れる場合にはきちんと意識して、原則として上に入れるようにしてください。

また、下着やお悩み系、匂い系やデリケートゾーン系など、**買ったことが他人に知られると恥ずかしい種類の商品では、アパレルやファッション小物系ではなくても中敷きを入れる**ようにしてください。

荷物を受け取った家族が梱包を開け、最初に目に入る納品書などの宛名を見て本人に渡す、といったご家庭もたくさんあります。

そのため、こういった商品の場合には、チラシを入れるにもむしろ中敷きの下に入れ、中敷きもあまり下側が透けないものを利用してあげると、お客さまが恥ずかしい思いをすることが少なくなります。中敷きの上に入れる納品書の品名や、梱包の箱の外側も、ぱっと見ただけでは商品の詳細がわからないようにする配慮も必要です。

いずれもちょっとしたことですが、**こうした配慮ができていない会社から、お客さまは二度と商品を買ってくれません**。くれぐれも気をつけてください。

# 7「ざっくりでもドライテスト」の法則

**絶対にドライテストを実施して小さく始め、最低限、年間リピート率を試算して、大きな視野で採算を判断すること**

ネット通販ビジネスで新しい商品を売り出すとき、あるいは新しくネット通販ビジネスを立ち上げるときには、必ずドライテストをすべきだ、ということを第1章でお伝えしました。また、年間リピート率の指標として60％という目標値も提示しました。

**何か新しいことを始めるときには、限定的な規模でのドライテストをして小さく始め、テスト結果のデータを材料に、全面展開した場合のさまざまな試算をする**ことが重要です。

原則としては、**1人のお客さまが年に3回以上リピートし、合計1万8000円以上の購入をしてくれないと通販ビジネスは成立しません**。「売れる通販指数」やMRも重要です。

こういった試算は、もちろん厳密に行うこともできますが、しょせんはテストですから、**あまり細かい計算にはこだわらない**こと。ざっくりとした計算でいいので、大きな視点でビジネスとして成立するか否か、を判断してください。

とはいえ**最低限、年間リピート率だけは試算してしっかり確認しましょう。**

総合的な年間リピート率の目安は60％ですが、小物・雑貨・アパレル系をめざす場合には40％でも大丈夫なことがあります。逆に、単品リピート通販の定期購入型では、リピート率は75％はないと苦しくなります。それ以外の場合は、まずは60％をめざしてください。

そして、商材の特性上、なかなかリピート率が上がらないと考えられる場合には、たとえば法則4の体験価値・情緒的価値を伝える実体験の機会を設けるようにして、リピート率を上げるように努力していきます。

## 8 「RFMでしっかり集計」の法則

### RFM分析を行い、お客さまごとの数値を集計する癖をつける

「R（Recency：リーセンシー）」「F（Frequency：フリークエンシー）」、「M（Monetary：マネタリー）」の3つを合わせた**RFM分析**という手法があります。

リーセンシーとは、お客さまが最後に購入した日からどれだけの期間で次の購入に至ったのかを示す指数で、「R＝最新購入日（直近購入日）」です。

前回の購入から期間がどんどん経過すれば、お客さまは商品のことを忘れてしまいます。忘れられないようにステップメールなどでフォローするため、最新購入日（直近購入日）を確認するのです。

次のフリークエンシーは、お客さまに何回接触したのかを示す指標です。「F＝顧客接触回数」です。

当然ながら接触回数が増えれば、商品に対する認知度も高まります。商品の売上アップにもつながっていきます。

ちなみに、この関係は正比例でずっと上がっていくのではなく、一定以上の接触回数になれば、100回接触しようが200回接触しようが認知度はあまり変わらない、という統計もあるのですが、10回程度まではあまり気にしなくていいでしょう。

小さな会社のネット通販の場合には、最低年3回以上の購入につなげる必要がありますから、最初からそのようになるように設計しなければ、ビジネスとしては継続できない、ということになります。

マネタリーは、年間でその商品があなたの会社にどれだけの売上・利益をもたらしてくれたのか、を示す指標です。「M＝商品ごとの売上高・利益額」です。

この3つの指標を分析するのがRFM分析で、専用のツールやソフトもありますが、**小さな会社ではエクセルで集計するだけでも十分**でしょう。とにかく、まずは個々のお客さまごとに、さまざまな指標の集計をする習慣を身につけてください。

個々のお客さまに、年間何回買ってもらい、1年間にいくらの合計金額になったのか？　また、初回の購入から、次回の購入までに何日経過しているのか？　こうした数値を把握し、分析する、という意識が非常に大切です。

こうした数値を見ることによって、次に打つべき手が自ずとわかってくるからです。

# 9 「情報発信は紙ファースト」の法則

**クロスメディアで販促展開する場合には、まずは紙媒体を全力で作成し、そのコンテンツをネットメディアに転用していくこと**

たとえば、あなたの通販ビジネスが年商５０００～７０００万円くらいあるとしましょう。しかし、あるとき担当者が退職してしまったら、たちまち年商３０００万円に戻ってしまった、というケースがあります。

これは、人に依存する運用スタイルをとっているためで、担当者の退職とともに運用のノウハウやテクニックがなくなってしまい、売上が減少してしまったわけです。人に依存する運用スタイルではなく、仕組みで通販を稼働させないと、安定したビジネスはできませんし、売上にもレバレッジがかかりません。

この点に気づいた社長さんは、往々にして、まずはメルマガやＳＮＳ（フェイスブック、ライン、ツイッター）、自社メディア（オウンドメディア）など、ネット上の販促手段の活用に力を入れることになるのですが、実はこれは順番が違います。

**ネット上の商品のＬＰだけはしっかりつくり込んだら、意外かもしれませんが、次は保存用ガイドブック（いわゆる「ブランドブック」）やチラシなど、紙媒体の作成に全力で取り組みましょう。**そして、

**そこでつくり込んだコンテンツを、ネット上の各メディアにも転用する**、という手法をとったほうが結果的にはうまくいくことが多いです。

これは、一般に紙媒体のほうが深いところまでつくり込める、という特質があるためでしょう。紙媒体でしっかりとつくり込んだコンテンツを、そのままネットメディアにも転用することで、手間も省けますし、自社からの情報発信に統一感や一貫性が出る、というメリットも期待できます。

なお、この方法はプロモーションでも使えます。

小さな通販会社が一気に知名度を上げるには、さまざまなマスメディアに露出することを狙うのが一番です。その際、テレビや雑誌、新聞などのリアルメディアには、郵送やファックスなどでPRのネタ＝プレスリリースを送付し、自社を取り上げてもらえるように売り込む必要があります。

そうしたリアルメディアへの送付用につくり込んだ紙のプレスリリースは、ほとんどそのまま、ネット上のニュースサイトなどへのプレスリリースとしても転用できます。

ここでも、統一感や一貫性がある情報発信を積み上げていくことができますから、自社のブランド形成にも役立ちますし、手間も大いに省けるでしょう。

# 10 「7個以上はダメよ」の法則

## 同梱物は最大7個までとして、コンテンツが多くなった場合は合体させる

同梱物は、保存用ガイドブック（いわゆる「ブランドブック」）をベースに作成していくことは前述のとおりです。そのうえで、挨拶状、Q＆A、使い方、定期購入のご案内などを考えていきますが、このとき、同梱物の数が最大で7個までになるよう注意してください。

それ以上あると、お客さまは面倒になって見なくなります。

また、どんどん同梱物が増えてくると、どうしてもズレが生じて一貫性がなくなり、世界観や価値観を統一させることができなくなります。そのため、**同梱物の数が増えてきたら、全体を見直して合体させられるものは合体させてしまいましょう。**

## 11 「定期購入だけじゃない」の法則

**定期購入制度に「お休み制度」を導入すると、解約率が10〜20％減少する**

原則として、ネット通販ビジネスのバックエンド商品には、定期購入制度を導入すべきです。

もちろん個別販売にも対応しますが、希望するお客さまには、一々注文して頂かなくても定期的に商品をお届けするようにし、それによってビジネスの売上や利益の基礎をつくるのです。

特にサプリメント、化粧品、ワインなどは、定期購入制度にピッタリの商材ですから、可能な限り定期購入制度の加入者を増やすように努めましょう。

ただし、定期購入制度ではお客さまによっては商品が余ってしまうことがあり、それを理由として定期購入の解約をされてしまうケースが一定数あります。**こうしたお客さまをつなぎ止めるために、自社の定期購入制度にぜひ「お休み制度」を導入してください。**

お休み制度を導入することで、使いきれない在庫の山を抱えて「もう、いいや！」と解約されるお客さまは確実に減少します。お客さまの抱くネガティブな印象も軽減するはずです。

たとえば、私がコンサルをしている四国の女性経営者の事例では、リピート率の向上を目的に定期購入制度を導入したものの、なかなかリピート率が上がらず、むしろ解約率が増加してしまいました。

そこで、まず電話でのみ解約できるような体制に変更し、お客さまからの解約依頼のお電話に対して、こんな提案をするように指導しました。

「定期購入の毎月のお届けを、一時的にお休みすることもできるのですが、いかがでしょうか？　最大3か月間の休止をすることができます。」

**この提案を1つ挟むだけで、完全な解約の数が20％以上も減少したのです。**

みなさんも、お客さまに完全に解約されてしまわないように、ぜひ、このひと手間の工夫を入れてください。可能であれば、**毎月ではなく2か月に1回とか、3か月に1回のお届けにするシステムもあるとよい**でしょう。別の事例では、3回以上購入したお客さまにだけ、お休み制度が利用できますと案内したこともあります。

「うちではちょっと……」とすぐにあきらめず、自社の事情に合ったお休み制度を考え、導入してほしいと思います。考えるべきなのは、お客さまの自宅に、自社商品の在庫が積み上がるような事態を極力避ける方策です。

もう1つ事例を紹介しましょう。

熟成黒にんにくを通信販売する会社で、定期購入コースのお客さまから、「商品が余ってくるので解約したい」との希望がありました。私のアドバイスのとおり、「2か月に1回のお届け」に変更することを提案して当面のピンチをしのぎましたが、根本的な解決策にはなりません。

2か月に1回のお届けでも余ってしまうお客さまが出たとき、こちらの会社ではどのような対策をとったと思いますか？

答えは、黒にんにくを「食材」としたさまざまな調理法の提案をし、在庫の消化法を教える、というものです。首尾よく、かなりの割合のお客さまに、解約を思いとどまってもらえている、とのことです。

## 12「スマホファースト」の法則

### LPや自社ホームページは、もはやスマホ最適化が必須

数年前までは、1つのウェブサイトでスマホ・タブレットにも、パソコンにも対応する「レスポンシブ・ウェブデザイン」が流行しており、私自身もこれを推奨していました。どちらの環境から閲覧しても、デザインが崩れずに閲覧できるものです。

しかし現在では、商材のジャンルを問わず、スマホ（とタブレット）6対パソコン4で、スマホでの閲覧が多数派になってきています。さらに、その比率は依然上昇中です。フェイスブックですら、2016年には全体の92％がモバイル端末（スマホとタブレット）からのアクセスになっているそうです。

スマホに比べればタブレットは少数派ですから、**もはやネット通販のLPも、自社ウェブサイトも、スマホに最適化して作成するのが正解**と言えるでしょう。パソコンからの閲覧は、デザインが崩れてもコピーなどが読めて、商品の注文ができれば、それでよしとする考え方です。

私のコンサルティング先でも、最近ではドライテストの際にスマホにしか広告を打たず、パソコンユーザーは初期段階では無視するケースが増えてきました。

スマホに最適化したサイトは、小さなスマホの画面サイズに合わせてつくるので、取り扱うパーツの数がパソコンに最適化したサイトや、「レスポンシブ・ウェブデザイン」のサイトよりも断然少なくなります。

また、スマホの場合は情報を見るのには下へ下へとスクロールするしかないので、導線設計もシンプルになります。そのため、**小さな会社でもつくりやすく、改善が成果にも直結しやすい**というメリットもあります。

では、具体的にはどのようにレイアウトをしたら反応率が高くなるのか、私がクライアントのみなさんと試行錯誤して編み出した公式がありますので、紹介しましょう。

なんと、この公式に沿ったスマホ最適化ＬＰをつくったことで、反応率が10倍にアップした事例もあります！

## レイアウトの大原則

・トップページ、オファーページ、申込みフォームなど、販売に関係するページはすべて、スマホの画面サイズに最適化して作成する

## 反応率の高いスマホ最適化サイトのレイアウト公式

・グローバルメニュー（ウェブサイトのすべてのページに共通して表示される案内リンク）は、原則として設置しない
・コピーは読みやすく
・文字と画像を同列に置かない
・ボタンは画面の幅いっぱいにする
・「専門性」×「ベネフィット」×「実績」×「オファー」をキャッチコピーに盛り込む

| | |
|---|---|
| 【権威性】 | ・メディア露出（雑誌・TV）<br>・ナンバー１実績（お客さま満足度）<br>・お客さまの声（3件） |
| 【直観的な方が購入】 | ・購入（特典つき）<br>・フリーダイヤル（不安解消）<br>・特典プレゼント |
| 【ターゲットの悩み】 | ・こんなお悩みを抱えていませんか？（ターゲット層の悩み）<br>・こんな不安を抱えていませんか？ |
| 【原因＆問題】 | ・その3大原因とは　1‥×××<br>2‥×××<br>3‥××× |
| 【何を言うのか？】 | ・○○に向けて開発した■■■です。 |
| 【あなたにも効くのか】 | ・私には効くのか？　※使用したあとの将来の姿 |
| 【UVPのストーリー】 | ・ピンチな状態<br>・新しい目標とビジョン<br>・共通の敵（常識）vs. 新しい敵（気づき）<br>・キャッチフレーズ |
| 【問題解決】 | ・支持される３つの理由<br>・○○○商品の７つのこだわり　1…×××<br>2…×××<br>3…×××<br>4…×××<br>5…×××<br>6…×××<br>7…××× |
| 【信頼性】 | ・安全・安心の提示（工場品質）<br>・商品の使い方（動画などで簡単をアピール）<br>※1日たった○回、▲▲▲するだけ（簡単・ラクをアピールする） |
| 【Q＆A】 | ・よくある質問 |
| 【お客さまの声】 | ・さらに、お客さまの声が続々と集まっています。 |
| 【理論的な方が購入】 | ・返金保証（リスクリバーサル）<br>・購入（特典つき）<br>・フリーダイヤル（不安解消）<br>・特典、プレゼント（お客さまの反応をさらに大きく引き出す「特典」を考える。一般的な考え方では、あなたの対象顧客がほしがるようなオファーを集めるとよいとされます）<br>（例）　無料レッスン、無料モニター、無料ガイドブック、無料トライアル |

【商品を使用したあとの将来の姿】（※脳内にイメージさせられるかが重要）

この商品をあなたが使うことで得られるベネフィットの例を紹介します。

1）　○○できるようになる！

2）　○○になれる！

……　さらに、

3）　○○できるようになる！

専門性　　　：何の専門家なのか？
ベネフィット：お客さまのどんな悩みや不安、痛みを解決できるのか？
実績　　　　：メディア掲載実績、紹介実績など
オファー　　：初回限定・返金など

- オファーは早めに出す
- 電話ボタンは最低2か所以上の複数個所に置く
- 選ばれる理由は、お客さま目線で書くこと（重要！）

前ページの図も参考にしてください。ここに示されている内容の文章を埋めることで、お客さまの反応がよい、スマホ最適化LPを簡単に作成できます。

## 13「コラボで復活」の法則

### 2年以上の休眠顧客リストは、他社とコラボすると復活する

まず、ここで言う「休眠顧客」は、最終購入日から1年以上経過しても次の注文がないお客さま、と定義します。その休眠顧客のリストの中でも、最終購入から2年以上が経過した長期休眠状態のお客さまを、復活させるいい手があります。

一般的に、休眠顧客を復活させるには、新規でお客さまを獲得する以上にコストがかかるものとされています。ところが、**他社とコラボをすることで、費用を安く抑えたまま、休眠顧客の復活＝掘り起こしを実現できる**のです。

この場合のコラボとは、異業種の会社と自社の顧客リストを共有して、お互いに相手の会社の商品やサービスを案内する、というものです。

機密保持契約のために細部は変更して紹介しますが、たとえば、ウォーターサーバーのレンタル事業をしている会社とコラボをして、自社の健康商品の休眠顧客の掘り起こし＋新規顧客の開拓を実施したことがありました。新たに顧客になって頂いたお客さま、および再度定期購入をしてくれたお客さまには、サーバーのレンタルを1か月自社で費用負担してプレゼントする、といった取り組みです。

あるいは、アマゾンや楽天などで商品を買うと、この商品を○○カードで購入してくれたら、ポイントが20倍加算されます、というようなキャンペーンのチラシがよく同梱されていると思います。あれも、コラボ企画の一例です（カード会社と通販会社のコラボ）。

このように、他社と顧客リストを共有して、共同で働きかけることによって、これまでとは性質が大きく異なるベネフィットの提案ができるので、長期の休眠顧客を復活させると同時に、従来とは属性や背景が異なる新規顧客獲得もできる可能性がある、というわけです。

# 14 「お客さまの声には捨てるところはない！」の法則

**お客さまの声は、ＬＰや同梱物、各種メディアなどのキャッチコピーとしても使えるし、新しい商品企画の参考にもなる宝物である**

**アンケートハガキなどを活用し、お客さまの声を計画的に集めてコンテンツ化し、フル活用すること**が重要です。

たとえば、酵素のサプリを販売しているある大手通販会社では、「五七五（七七）」の俳句や川柳のような形態を利用して、お客さまの声をチラシなどに掲載しています。なじみ深い「五七五（七七）」の形態になっているので、非常に読みやすいですし、直感的にイメージが膨らみます。

また、この俳句や川柳は一般応募の形式をとっており、定期的に金賞、銀賞などの賞を授与することで、しっかりとお客さまの巻き込みをしています。

さらに、こうして集めた俳句、川柳形式のお客さまの声は、さまざまな媒体に流用して紹介することもしています。「お客さまから、こんなうれしい声が届いています！」と、まるでテレビのショッピング番組で展開されるようなコピーを用いて、徹底的にコンテンツ化しているのです。

ほかにも、たとえばＤＨＣの商品への同梱物「らくがき帳」は、新聞ぐらいのサイズのチラシですが、これにお客さまの声を細かく、しかも加工せずに掲載することで、お客さまの帰属意識を高め、リピート販売に上手につなげています。

これらは、小さな通販会社やスタートアップの会社も、ぜひとも見習いたいノウハウです。**すべての「お客さまの声」に、コンテンツ化できないか、という意識を持って接する**ことが重要です。うまくコンテンツ化できれば、説得力が非常に高いコピーとして利用できますし、次の商品企画も、さらにお客さまを巻き込む形で実施できます。

なお、スタートアップでまだお客さまがいない場合には、モニターを募集して、お客さまの声を収集することに専念しましょう。特にまだ月商が100万円以下の方は、ご自身の会社のフェイスブックページなどでイベント企画を実施して、こうしたお客さまの声を集めることに努めてください。

これらのイベントでは売上は立ちませんが、キャンペーンで集めたお客さまの声をコンテンツ化することで、新しい商品の企画に活用できます。募集条件にも、その旨をあらかじめ明示してモニターを集めれば、お客さまも「何か絞り出そう」と積極的に取り組んでくれる場合が多いです。事業者側が予測できない、素敵な「声」を書いてくれたりするのです。

ぜひ、あなたの会社でも**お客さまの声をコンテンツ化し、商品化の際に参考にすることを業務プロセスに盛り込んでください**。まさに、小林製薬のあの有名なコンセプト、「あったらいいな」が体現できます。

# 15 「受注と売上は違う」の法則

## 「売上」＝「受注」－「品切れ」－「返品」－「値引き」の公式を忘れない

通販ビジネスの売上は、受注額からさまざまな要素をマイナスする必要があるため、**受注と実際の売上は違ってくる**ことを忘れないようにしましょう。

お客さまから申込みをして頂いた金額は、売上でなく受注額です。実際には、商品が欠品して品切れになっていたり、お客さまから後日返品されたり、クーポンや値引きなどのオファー利用で通常の金額より安く提供したりすることがあります。

つまり、売上はこれらの金額を受注額から引いた額になる、ということです（右の公式を参照）。

売上が多そうに見えても、実際には割引クーポンなどの値引きが入り、想定外に低い売上しか上げられなかった、ということも少なくありません。

**自社サイトでの事例**（月額）　単位：円

| | | |
|---|---|---|
| 受注金額 | 4,112,123 | 100% |
| キャンセル金額 | 374,088 | 9% |
| 値引き・クーポン | 1,887 | 0% |
| 売上金額 | 3,736,148 | 91% |

**楽天市場での事例**（月額）　単位：円

| | | |
|---|---|---|
| 受注金額 | 9,614,496 | 100% |
| 税抜金額 | 8,902,311 | 93% |
| 原価（60%） | 5,341,387 | 56% |
| 件数 | 905 | - |
| 売上処理コスト（@850） | 769,250 | 8% |
| 楽天市場月額費用 | 755,831 | 8% |
| 限界利益 | 2,035,843 | 21% |

たとえば、「送料無料」や「ポイントx倍（たとえば10倍、20倍など）」のキャンペーンを行えば、一時的には受注を伸ばすことができますが、これらの受注から最終的に生まれてくる売上は、受注の伸びほどには大きくないことはしっかり認識しておいてください。

さらに、**楽天市場などのモール系ショッピングサイトでは、このほかにモールの利用料が毎月かかってきますから、より厳密な売上管理が求められます。**

右の表に、自社サイトの場合と楽天市場の場合の比較事例を掲載しましたので、参考にしてみてください。

## 16 「売れる商品は何気ない言葉から」の法則

**商材の「種」を何度も検証して売れる商品に仕上げ、ドライテストを繰り返して合格ラインを超えてから、初めて本格投入すること**

新しい売れる商品を、具体的にはどのように企画すればいいのかも説明しておきましょう。

基本的には、第1章で解説したように「売れる通販指数」とMR、年間リピート率の3つの指標を満たせるかどうかを、ドライテストを行って検証します。

ドライテストをする商品の「種」は、まずはお酒の席でのよくある愚痴や、自分の周りで2～3人が同じように「あるある」と言っている悩みなどから見つけます。あるいは、雑誌や他社のカタログ、ネット上のQ＆Aサイトなどから見つけてもいいでしょう。

どこに新しい商品の種が転がっているかわかりませんから、**普段から、何気ない他人の言葉を聞き逃さないようにしたい**ものです。

得られた「種」は、まずは次の4つの視点から検証します。

**①　他社にはない付加価値があるか？**
**②　その付加価値は想定価格以上になるか？（お金を払ってもらえそうか？）**
**③　小さな分野でナンバー1のポジションを得られるか？**
**④　自社のUVPに合致したコンセプトやストーリーがつくれるか？**

これら4つの視点のチェックで問題がなければ、売れる商品になる可能性があります。


次に、商品ジャンルを選定しましょう。

たとえば、その商品の「種」のお宝キーワードが、「疲れがとれない」というものであれば、この問題に対する解決方法を最低でも20個程度挙げてみます。

具体的には、「マッサージ」「入浴剤」「睡眠」などが簡単に想定できますね。ほかにも「旅行」「食事」「アロマ」なども解決方法の1つとして考えられます。

すでに出したアイデアをさらに深掘りする方法もあります。たとえば「睡眠」をさらに深掘りすれば、「枕」「ベッドカバー」「安眠お助けグッズ」などいろいろな商品を思いつくはずです。
まずは、こうやって考えつくすべての「解決方法」を挙げていきましょう。

なお、**年商で億超えをめざす場合には、まだまだ右肩上がりで伸びているジャンルの「美容」と「健康」の分野で商材をピックアップすると、達成確率が高まります。**そのため、この2つの分野から商材を選ぶことをお勧めするのですが、最初からジャンルを「美容」と「健康」だけに絞ると、視野が狭くなってしまって、お客さまの本当の悩みや不安、痛みなどに寄り添えない商品を選んでしまうことがあります。

「美容」と「健康」は意識しつつも、最初は自由な発想で、商材のアイデアを拡大させてください。

次に、たくさんリストアップした商材候補の中から、**お客さまが1年間に3回以上購入し、1年間の購入金額が1万8000円以上になる可能性があるもの**をピックアップしていきます。

先程例示した「旅行」で考えると、1年間に3回も旅行に行ける人は少ないでしょうから、通販商材としては不適切と判断できます。

「アロマ」であれば、1年間に3回以上購入して頂ける可能性はありそうだけれど、1つひとつの単価が安いので、年間1万8000円以上には達しない可能性が高そうです。

「マッサージ」は1年間に3回以上行きそうな気がしますが、通販の商材としては工夫がいりそうです。チケットをネットや電話で買ってもらうビジネスモデルにするとしても、回数券を買ってもらわ

| 商品ジャンル | 購入頻度(F) | 購入金額(M) | その他の事項 |
|---|---|---|---|
| アロマ | OK | NG | |
| マッサージ | NG | OK | どこでやるのか？<br>誰がやるのか？ |
| 入浴剤 | NG | NG | |

ないとほかのマッサージ店に行かれてしまう可能性が高そうですし、「箱」のビジネスモデルなので、「誰がやるの？」「どこでやるの？」という問題が出てきます。

「入浴剤」も、大箱の中に小袋が小分けにされている商品ですから、1年に3回は購入しない可能性が高く、また商品の単価もそれほど高くないので、年間で1万8000円以上には到達しない可能性が高いでしょう。

このように、**購入頻度と購入金額の2つの軸で、どの商材が通販ビジネスとして成功できる可能性があるのかを具体的に検討します**。

最初から決め打ちするのではなく、すべての選択肢を検討の皿の上に乗せて判断することで、意外な儲けの種を見逃すことがなくなりますし、商品の同梱物やチラシなどに記載するネタを補充することにもなるでしょう。UVPのストーリーをつくり込む際の材料になることもあります。

なお、前述したRFM分析に習い、購入頻度＝フリークエンシー（F：Frequency）と購入金額＝マネタリー（M：Monetary）の2つの軸で分析する手法のことは**「FM分析」**と呼びます。

ここまでの検証をパスした商品で、前述したスマホ最適化したLPをつくり、実際に限定的な販売をして最初のドライテストを行います。

初期段階のドライテストでは、売れる通販指数とMRを主に見ます。PPC広告などを使って、統計的に優位な数値を得られやすい800以上のクリック数が得られるまでテストを続けましょう。

また、売れる通販指数とMRのほかにも、ネット上での広告表示数に対する実クリック数の割合を示す「CTR（Click Through Rate：クリック率）」で**1%以上**（リターゲティングをした場合は0・15%以上）、実クリック数に対する売上数の割合を示す**「CV率（コンバージョン率）」で1%以上**に達しているかも確認してください。

**これらの目標値を達成できていないときには、商品のコンセプトやLPに修正を加え、合格ラインを超えるまで何度でもドライテストを繰り返します。**

そして、最終的にすべての指標をクリアできた商品だけを市場に本格投入するようにすれば、億超えのネット通販ビジネスをつくり上げるのも、まったく難しくありません。

なお、**MRで0・8以上が見込める段階になったら、それ以降は社内で広告を作成するより、社外の広告代理店に依頼して、プロにクオリティの高い広告を作成してもらう**ようにしましょう。MRが0・8以上あれば、費用対効果も十分なはずです。

# 17 「3階層ファネル」の法則

**バックエンド、ミドルエンド、フロントエンドの3階層のファネルを複数設計するとよい**

ネット通販のビジネスモデルは、バックエンド、ミドルエンド、フロントエンドの3階層のファネル（漏斗構造）から成り立っていることを、本章の最初にお伝えしました。

ファネルとは、ひとことで言うと**「薄利多売戦略をやめるための『松竹梅型』のビジネスモデル」**です。

フロントエンド商品が「梅」、ミドルエンド商品が「竹」、バックエンド商品が「松」に当たります。

低価格に設定した集客用商品＝フロントエンド商品で集客し、クロスセルを狙ったミドルエンド商品で利益を上げ、より高額、かつ利益率の高いバックエンド商品へとお客さまを誘導していきます。

最終的には、バックエンド商品を一定量販売することによって、大きな利益を上げるという収益モデルです。

この3階層のファネルができていれば、大手通販会社と同じやり方をしなくても集客ができますし、集客が成功すれば売上も上がります。いい商品をつくっただけでは売上がついてこない理由の1つは、こうしたファネル構造が用意されていないことにもあるのです。

さらに、3階層のファネルを構築することで、**1つの商品だけに依存する危険性を緩和できます**し、第1章「カルピスの法則」で説明したような（69ページ参照）、**お客さまの教育度に応じたアプロー**

**チも可能になります**。

たとえば、「美顔器」などは一度買ったらそう何度も買い換える商品ではありませんが、美顔器を購入した方は、それをより効果的に使うための「美顔器専用フェイシャルクリーム」にも興味がある可能性が高いと言えます。

そこで、ミドルエンド商品としてあらかじめ「美顔器専用フェイシャルクリーム」を用意しておけば、そちらのクロスセルも狙えますし、クリームは何度も使うものですから、定期購入によるリピート販売にもつなげることができるでしょう。

さらに、美顔器と美顔器専用フェイシャルクリームを使っているうちに、それだけではお客さまが満足しなくなる可能性も出てきます。そういった場合に備えて、バックエンド商品として「特約フェイシャルエステサロンでのエステチケット」を用意しておけば、こちらの購入を促すことで高確率でリピートしてもらえる、というわけです。

**必ずしも、それぞれの階層がモノである必要はなく、商品に関連したサービスなどであっても問題ない**点に注目してください。

ちなみに、一貫性のある商品群の中で、このようにより高単価でハイグレードな商品の購入を促すことを、マーケティング用語で「アップセル」と言いますから覚えておきましょう。**あらかじめ3階層のファネルを用意しておき、その中で可能な限りお客さまのアップセルを実現していくことで、大きな売上と利益を現実のものにできる**のです。

なお、このような**ファネルは、単一の商品を販売する単品リピート通販のビジネスモデルでも、工夫次第でつくることができます**。ポイントは、定期購入をバックエンドとして考えることです。

フロントエンド商品：　お試し商品
ミドルエンド商品　：　本品購入
バックエンド商品　：　定期購入（リピート購入）

このように考えれば、単一商品であっても3階層のファネル構築は可能です。

また、実は業界大手の会社が取り入れている「総合通販」というビジネスモデルにも、3階層のファネルはしっかり取り入れられています。

たとえばアパレルのネット通販で大成功を納めているZOZOTOWNでは、一見するとアパレルというジャンルの中でアウターやインナー、下着、ズボンなどのありとあらゆるジャンルの商品を扱っているだけのように見えるので、そこにファネルはないのではと感じられます。

しかし、よく分析してみるとファネルはきちんと存在しており、それによってしっかりリピート販売につなげています。

フロントエンド商品：　セール中のアパレル商品（値引き品）

ミドルエンド商品　：　自分の好きなブランドのアパレル商品
バックエンド商品　：　高級ブランドのアパレル商品

これは、同じZOZOTOWNのサイトの中で、**価格帯によってファネルをつくっている**わけです。

また、たとえば時間帯の推移に沿ってファネルを構築している、と考えることもできるでしょう。

仮に現在が春であれば、次のようになっているわけです。

フロントエンド商品：　春物
ミドルエンド商品　：　夏物
バックエンド商品　：　秋物・冬物（季節物のリピート販売）

大手と呼ばれる総合通販会社の多くは、このように**価格帯や時間軸、顧客の年齢などのさまざまな切り口で、常にアップセルを繰り返していくファネルを複数持っている**のです。当然ながら、こうしたアップセルへと誘導し、リピート購入を実現するように、サイトの見せ方もさまざまに工夫がされているのは言うまでもありません（売上ランキングなど）。

ネット通販は商品ありきのビジネスではなく、仕組みのビジネスです。ぜひ、あなたの会社のビジネスにも、さまざまな切り口で3階層のファネルをつくってください。こうしたファネルをうまくつくることができれば、単なるネット通販から、さらにさまざまな形のビジネスへと発展させることも容易になります。

なお、ファネルを設計する際には、前述したようにフロントエンドではなくバックエンドから構築していき、バックエンドはＵＶＰのギフトやストーリーなどと密接に関連する形でつくるとうまくいきます。

また、**何かが売れてからファネルをつくるのではなく、商品を本格投入する前に、ある程度、３階層のファネルを設計してから投入する**ようにも注意してください。

## 18 「分業と情報共有」の法則

**戦略の立案者と、作業者・外注先は分けること**
**ただし、データや数値は共有して、効率的に業務を進める**

たとえばドライテストを行うにしても、確認しなければならない項目が山ほどあります。チェックリストを片手に、これらを実際に確認していく作業は、自社のスタッフに任せたり、外注先企業に依頼したりすべきです。そのうえで、社長は「できたの？」「どこまでやったの？」というディレクション（管理監督）の仕事を行うようにしてください。

たとえ小さな会社でも、細かい作業まで社長が自らやっていては無駄が多すぎます。**人に任せるべ**

**きところは任せて、社長は頭脳となって指示を送る**、というフローが大切です。

ただし、この際には**委任・外注先にもデータや数値をオープンにする**ことが必要です。「大体○%」といった曖昧な指示・数字は使わず、必ず厳密なデータや数値を共有してください。外注先に数値を教えたくない場合には、機密保持などの契約書で縛ればOKです。また、個人を特定できない形で共有することもしっかり意識してください。

こうした情報共有はとても重要です。なぜなら、**情報共有の積み重ねによって、委任先や外注先とのビジョンの共有ができる**からです。

ビジョンの共有ができれば、委任先や外注先も自らの作業の意味が理解できますから、現場担当者としての提案を求めることもできるようになります。ただ単に分業しているより、責任感やモチベーションも高くなりますし、より生産性の高い仕事をしてくれます。

私の顧問先では、ペルソナ1名のお客さまの声などもすべて共有しています。数値以外で共有できるものがないか、常に意識してください。

## 章のまとめ

- ＵＶＰが構築できたら、それを反映する形でフロントエンド→ミドルエンド→バックエンドの３階層のファネル（漏斗構造）をつくる。このとき、まずはバックエンドから設計していくとうまくいく。
- 顧客ごとのさまざまなデータをしっかり収集し、それによってさまざまな打ち手を考えていく。初回リピート購入までの期間は１か月以内をめざし、お客さまの帰属意識を高めるためにさまざまな施策で「巻き込んで」いくこと。
- 定期購入制度は、やめたらもったいない、やめにくい仕組みとし、やめる理由となるボトルネックを細かく潰していく。
- 情緒的価値や体感価値を入れるため、実体験の機会を意識してつくるとよい。
- 「お客さまの声」はフル活用すること。同梱物にもLPのキャッチコピーにも使い、さらに商品開発の参考にもする。
- 同梱物ではいきなり売り込まず、細かい配慮をして戦略的に作成・使用していくこと。また、最大７つまでに抑える。
- 商品開発の段階では、何度もドライテストをしてさまざまな指標を確認し、採算がとれると確信できるものだけを全面投入すること。
- 販促資材は、まずは紙の資材から作成し、それをネットメディアへと転用するのが効率がよく、つくり込みもしやすい。
- 定期購入制度にはお休み制度を導入すると解約率を減らせる。
- LPや自社ホームページは今後はスマホ最適化したものに。
- 休眠顧客は他社とのコラボで働きかけると、復活することがある。
- 品切れや値引き、返品、モール利用料などのコストも忘れないこと。

# 第5章

# 2か月目に実施する「商品企画」に役立つ法則18

「ブランド」とは、そもそも何でしょうか?

辞書的には、ある商品を別の商品と識別する、または識別させるためのあらゆる要素のことです。お客さまが他社の商品・サービスではなく、あなたの会社の商品・サービスを購入する理由と言い換えることもできます。もっと極端に言うと、「意味づけ」です。

さて、この**ブランドは2つの階層に分けられます**。仮に、それぞれの階層を**「外層」「内層」**と名づけましょう。

ブランドの外層は価格やパッケージ、商品名、商品の説明などのことで、その商品の物理的な性能や機能を保証してくれます。また、お客さまの抱える悩みや不安、問題などを解決する「機能」や「メリット」も、この外層に属するものです。

一方、ブランドの内層は、その商品やサービスに心理的・感情的な価値が加わったものです。製造元や販売元の価値観や世界観、信念などが付加されており、それがブランドの内側を構成しているからこそ、価値のある商品・サービスになるのです。

なお、**「お客さま」自体も、必ず外層と内層の2つの階層を備えています**。

お客さまの外層は、まずはその人の属性(性別、年代、家族構成、役割など)や、特徴、特性などの計測可能な要素によって構成されます。さらに、お客さまが解決したいと考えている悩みや不安、問題なども、お客さまの外層を構成する要素です。

一方のお客さまの内層は、お客さまが抱いている強い憧れや、「こうありたい」と願っている気持ち、希望などです。

**売れる商品は、このブランドの外層と内層、お客さまの外層と内層それぞれが、しっかりと組み合わさって意味づけが合致したときに初めて生まれます。**商品企画とは、こうした理想的な組み合わせをつくることを意識して行うべきなのです。

商品としてのモノやサービスの概要をつくるだけでは、本当の意味での商品企画はできません。それでは、外層だけをこねくり回しているにすぎません。ターゲットとなるお客さまの内層までしっかりと考慮し、そこにも訴求するように商品企画をしてください。

では、具体的にはどうすればそのような商品企画ができるのか？

まず行うべきは、商品そのもののコンセプトをつくることです。「ひとことで言うと、どうすごいのか？」を定義して、文字に起こすことが重要です。

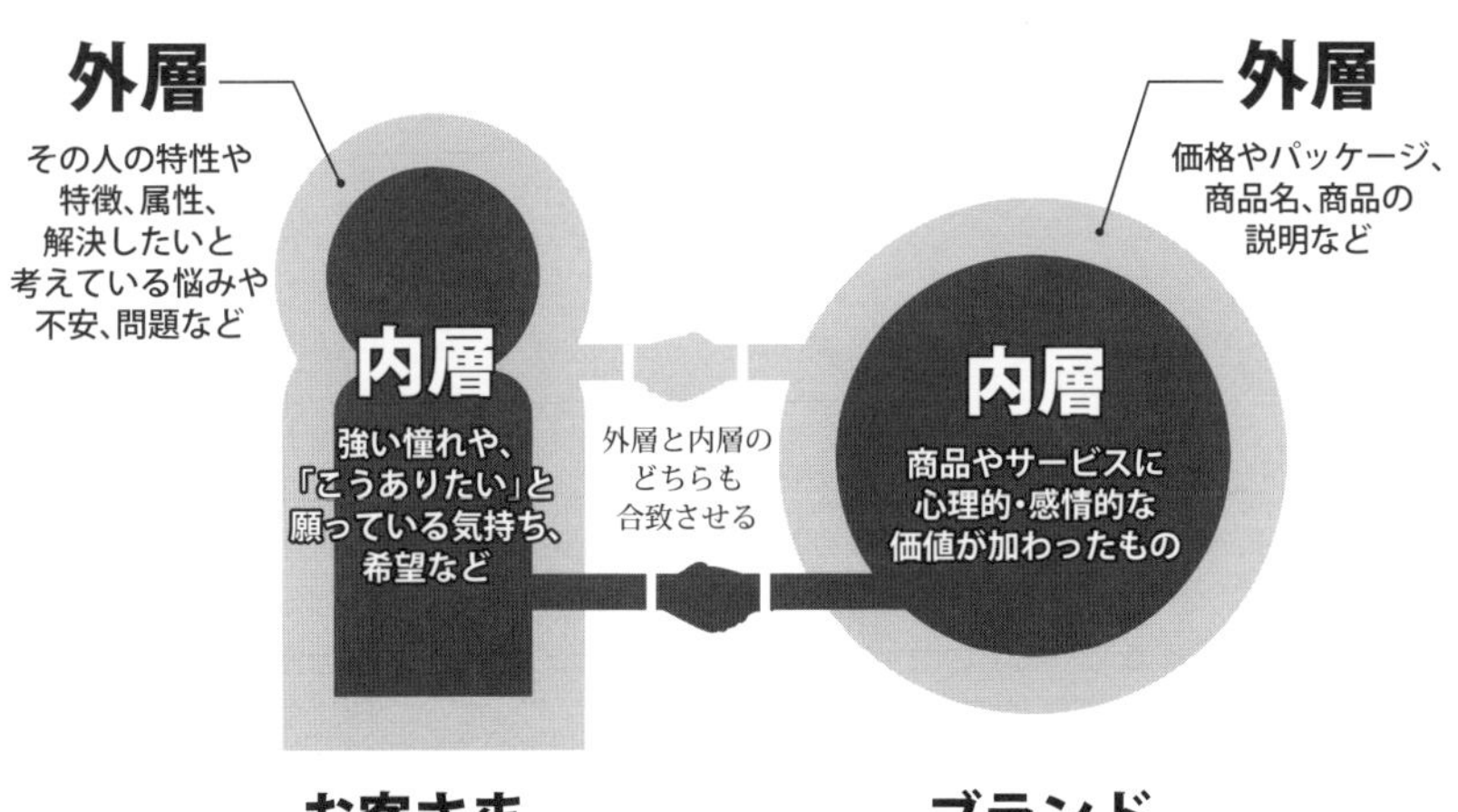

外層
その人の特性や特徴、属性、解決したいと考えている悩みや不安、問題など
内層
強い憧れや、「こうありたい」と願っている気持ち、希望など
外層と内層のどちらも合致させる
外層
価格やパッケージ、商品名、商品の説明など
内層
商品やサービスに心理的・感情的な価値が加わったもの
お客さま
ブランド

そして、ここまで読んで頂いた読者にはすでにおわかりのように、商品のコンセプトは社長（や会社）のＵＶＰを投影する形で作成します。

ＵＶＰこそがブランドの卵であり、売れる商品の企画にも欠かせない「材料」「素材」なのです。ブランドの外層は、テクニックがあれば商品企画の段階である程度なんとかできてしまいます。しかし、内層はそうはいきません。UVPの各要素をしっかりと定義し、商品のコンセプトへ投影しなければなりません。商品企画とは、**ビジョンや価値観、世界観、信念などといったものを、さらに明確化するための作業**なのです。

第5章では、その際に役立つ法則をいくつか紹介していきますが、この基本は決して忘れないでください。

# 1 「5つのCでストーリーブランディング」の法則

## 商品に人格を与えて、ストーリーをさらに効果的に伝える

商品の内層に効果的に価値を加え、ブランディングを行おうとする際、役立つ手法の1つに「ストーリーブランディング」があります。まずはこれを紹介しましょう。

ストーリーブランディングでは、人ではない商品に「人」の性格をあえて与え、ストーリーの形式でお客さまに価値を効果的に伝えます。これをうまく実現させるには、次の「5つのC」のステップ

を踏むとよいとされていますので、みなさんの会社でもぜひ同じ方法で試してみてください。

## ①バックグラウンドを集める

最初のCは「コレクト（Collect：集める）」のCで、必要な情報を集めるステップです。

第2章でUVPをつくる際に、あなた自身の過去から「栄光、挫折」の経験を抜き出し、「挫折から導いた教訓」を明確にしたプロセスが、このステップにあたります。

## ②ブランドを性格づける

次のCは「キャラクタライズ（Characterize：性格づけ）」のCです。商品に「人」としての性格を与える段階です。

具体的には、ストーリーの登場人物＝あなた（社長）と、商品をうまく同化させるのです。

これにより、商品のブランドは見込み客の悩みや不安を解決する方法の手本を示す「道標」のようになり、お客さまの共感を得やすくなります。

## ③見込み客を性格づける

3つめのCには、再度「キャラクタライズ（Characterize：性格づけ）」のCが来ます。ただし今度は、商品ではなくお客さまの性格づけを行います。

あなたの会社では、どんな課題や問題を抱えているお客さまをターゲットとするのか、その課題や問題の背後にはどんな価値観や信念があるのかを分析し、理解するステップです。

## ④ 登場人物同士を結合させる

4つめのCは「コネクト（Connect：結合）」のCです。

ブランドに対する好意や憧れは、お客さまの価値観や信念と、商品の持っている価値観や信念とを結合させたときに発生します。そして、それが長期的に持続されていけば、お客さまをリピート客やファン客へと変えることができるのです。

具体的には、「●●と言えば、△△ですよね！」という簡単なセリフを埋めることで、この結合のステップを実行できます。

お客さまの内層と商品の内層を合致させることを意識して、ストーリーをつくっていきましょう。

## ⑤ ストーリーを完成させる

最後のCは「コンプリート（Complete：完成）」のCです。

ストーリーの登場人物に感情移入できるよう、商品の外層とお客さまの外層、商品の内層とお客さまの内層を双方向から結合・シンクロさせるように意識しつつ、リアルで、かつお客さまに訴求するストーリーを完成させましょう。

完成させたストーリーは、同梱物の保存用ガイドブックなどに使用することで、より効果的に商品の価値をお客さまに伝えることができるでしょう。

## 2「動画で使い方」の法則

### 使い方動画を用意して、購入までのハードルを極力なくす

商品のLPを見て、「あ！　私のことだ」と感じたお客さまには、素直に「これがほしい！」と感じて、即、購入してもらう必要があります。

そのためには、**実際の購入までの余計なハードルは極力なくしておくことも必要**です。

商品やサービスの価値には共感できても、具体的な使い方やサービスの受け方がわからなければ、その商品・サービスを買うのにお客さまは躊躇を感じます。

そこでひっかかることがないよう、**YouTubeなどに使い方を説明した動画を用意しておき、疑問に思ったお客さまがすぐに参照できるようにしておきましょう。**

商品の容量などは、ネット上のLPだけではわかりにくいこともありますが、動画では誰でもイメージできます。お客さまが購入した商品をなかなか使いきれず、在庫を溜め込んでしまうと定期購入の解約などにつながりますので、しっかり動画で説明しておきましょう。

教育系やコンテンツ系の無形の通販商品では、こうした動画は特に有効です。私のお客さまでは、酵母パンのつくり方を動画でコンテンツとして用意し、それをネットで販売するビジネスモデルを実践している方もいます。

# 3 「NPS指標で満足度を測れ」の法則

## 即時フィードバックで効果的にお客さまの満足度を測ること

商品やサービスの内層にある価値をお客さまに魅力的に伝えるためには、**「即時フィードバック」**という手法でお客さまからの評価をもらうことも役立ちます。

近年、ネット通販で何かを購入すると、商品が届いた直後に販売元から商品への評価を依頼するメールが届くことが多いと思います。あれが「即時フィードバック」です。

評価をしてもらうときの基準は、**NPS**（Net Promoter Score: **ネットプロモータースコア**）という指標に沿って行ってもらいましょう。

NPSとは、顧客の満足度やロイヤルティーを把握するために、「企業やブランドに対してどれくらいの愛着や信頼があるか」を数値化する指標のことです。業績の向上に直結するため、通販業界の中でも認知度が高まってきています。

NPSは「推奨者の正味比率」と定義され、算出方法も非常にシンプルです。自社の顧客に対して、「この会社（商品）を友人や同僚に勧める可能性はどのくらいありますか?」と質問します。可能性は0〜10点の11段階で評価してもらいます。

この質問に9〜10点をつけた顧客を「推奨者」、7〜8点をつけた顧客を「中立者」、0〜6点をつ

け た顧客を「批判者」と分類し、回答者全体に占める推奨者の割合（％）から、批判者の割合（％）を引いた値がＮＰＳのスコアとなります。

ネット通販ビジネスでお客さまの満足度を判断するには、統計的に最低２００人に評価してもらう必要があるでしょう。一般には、**NPSが12ポイント増加すると、その企業の成長率が倍増する**と言われています。

なお、複数商品のアイテムを扱っている場合、「目的別」「使用別」「悩み別」などと分解した見せ方を工夫すると、ＮＰＳを向上させるのに役立ちます。商品をカテゴリー別に分解することで、お客さまに寄り添ったサイトになっていきます。その結果、「あの人にも勧めよう」となるわけです。**商品企画の段階から、お客さまが迷わないための導線づくりを考慮しておくべき**でしょう。

なお、ＮＰＳのお客さま満足度が４年連続で１位のポーラ・オルビスのサイトは、「悩み別、商品別、用途別、成分別」と効率的なカテゴリー分けがなされていて、大変参考になります。みなさんも、ぜひ一度確認してみてください。

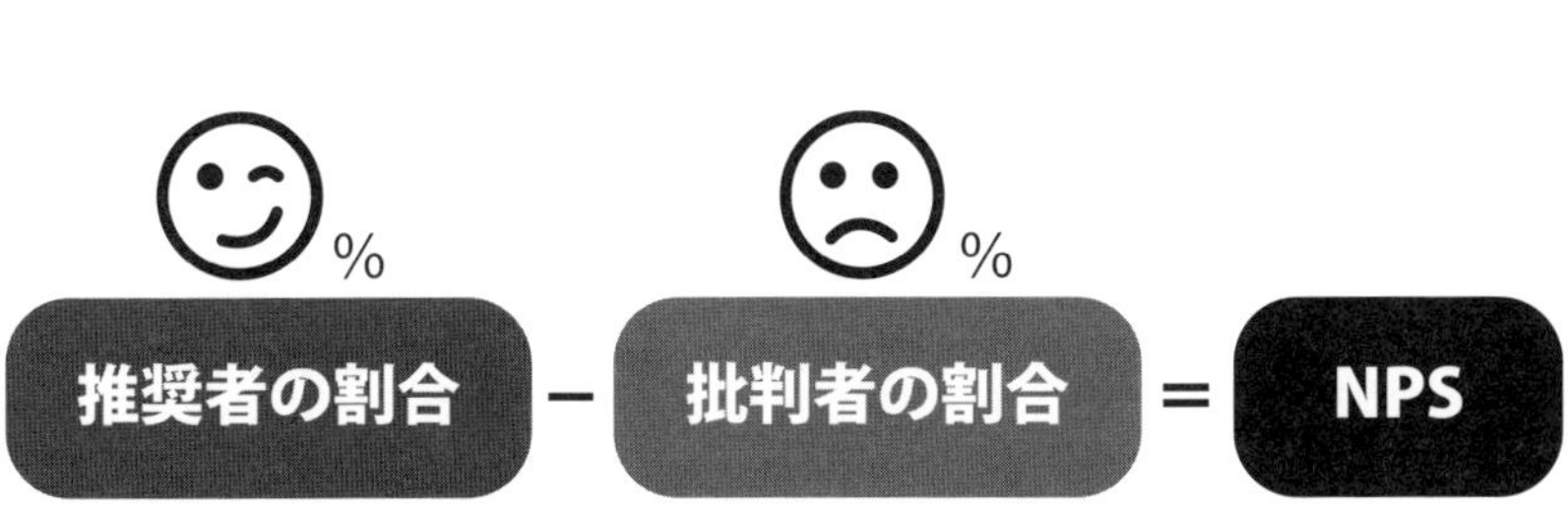

# 4 「商品特徴を書くだけでは売れない」の法則

## 薬機法の縛りは、テクニックではなく価値提案で突破する

**お客さまは、商品ではなくその先の幸せを買う**、ということを常に肝に銘じて商品企画を行ってください。

たとえば、化粧品で「酸化を防ぐ」という表現を用いたいと思ったとしても、この表現は**薬機法（医薬品、医療機器等の品質、有効性及び安全性の確保等に関する法律、旧「薬事法」）**に違反します。

こうしたとき、どのようにして商品の売りを伝えるべきかを悩む方が多いのですが、商品の特徴を書くだけでは、仮に薬機法の縛りがなかったとしてもたくさん売ることはできません。

大手通販会社では、この薬機法対策としてイメージでお客さまに伝える努力をしています。

たとえばリンゴがあって、それをずっとほったらかしにすると酸化して茶色くなります。そこで、商品のＣＭの背景に、リンゴが酸化していく様子を映すことで酸化をイメージさせたりしています。

あるいは、言葉の言い換えで対応することもあります。「酸化する」という言葉の類語や連想語をネットで検索すれば、「錆びる」「朽ちる」「きしむ」などの言い換えのアイデアがいくらでも見つかります。

これらの言い換えを活用して、薬機法の縛りをクリアするのです。

ただ、私はこうした方法はあまり推奨していません。薬機法で言えない効能やメリットは、前述し

たように商品のブランドの外層にすぎません。そこだけでは、必ずしもお客さまの心に響かないのです。

もうおわかりのように、**お客さまの内層に響くような商品の内層、価値提案を打ち出すことで、たとえ薬機法で使えない言葉があっても問題なく商品の魅力を伝えることができる**のです。

## 5 「見える化しないと認知されない」の法則

### 商品そのものや、その周辺に眠っている価値をしっかり見える化し、他社との差別化やお客さまの満足度向上につなげること

**価値は、名前をつけることで簡単に見える化できます。**逆に言えば、**名前をつけなければ、お客さまはせっかくの価値になかなか気づいてくれません。**

たとえばサプリメントのネット通販で、他社と成分的には同じ商品を売る場合であっても、工夫して価値を見える化してあげれば強力な差別化ができます。

本当は教えたくないのですが、折角なので具体的なノウハウも少し紹介しましょう。

サプリであれば、商品を実際に製造してくれる会社（ＯＥＭ先）に依頼する段階で、いくつかの成分をオリジナルな配分で組み合わせた商品をつくれないか相談してみましょう。そのうえで、「独自〇〇処方」といった印象的、かつ世界観が合致したネーミングで商標登録するのです。

多少コストはかかりますが、これで強烈な差別化ができるわけです。

また、価値を見える化して差別化する部分は、商品そのものではなく品質管理や運用方法、製造方法などでもかまいません。**工夫次第で見える化できる価値は、あなたの会社にもたくさん眠っているはず**です。

品質チェックマニュアルが充実している会社であれば、そこを見える化してもいいでしょう。守秘義務があるので詳細はお教えできませんが、私がお手伝いしているある通販会社では、白い段ボールで荷物を届けることを「売り」にしています。

商品が届いたとき、梱包の段ボールの底が黒く汚れていたらどう思いますか？　届いたとき、その汚れた段ボールをリビングまではなかなか持っていかないと思うのです。

玄関で開封して、商品だけとってあとの同梱物などはその場で捨てるケースが多く、せっかくの同梱物を確認してもらえないケースがかなりあると想定されます。

そこで、独自の工夫で商品を白いダンボールで届けるようにし、それに「白ダンボールでお届けの【こだわり品質】」といった印象的なネーミングをして、価値の見える化をしました。差別化にも貢献しますし、お客さまの満足度を上げる効果も見込めます。同梱物を確認してくれる割合も増えるので、売上の向上にもつながっています。

# 6 「メイドインジャパン」の法則

## 国産の商品には、必ずその旨を明記すること

かつて、まつ毛美容液の市場シェアで圧倒的な強さを誇っていたロレアルの事例です。

売上が絶好調だったその商品に、1つだけお客さまから大きな「不満」の声が届けられたそうです。

それは、容器に「made in China」と表示されていること、つまり中国製であることでした。

お客さまはロレアルというブランドに信頼感を持っていて、商品にも興味があるにもかかわらず、容器が「made in Japan」や「made in Paris（France）」ではないのが不満だ、ということでした。

このように、生産国にはそれだけで一定のイメージが生じます。そして、日本製は品質や安全性が非常に高いので、**メイドインジャパンにはそれだけで「安全、安心、信用、信頼」といった付加価値が生じます**。

商品やサービスを企画するとき、国産の場合にはしっかりと「made in Japan」と明記し、日本製であるということをはっきり表示することも忘れないでください。

当たり前のことすぎて、気づいていない方も多いので要注意です。

## 7 「地元産品」の法則

**材料の一部にでも地元産品があれば、差別化ポイントにもなるし、UVPのストーリーの材料にもなる**

私の主宰している通販塾に参加している経営者には、沖縄、北陸、北海道、四国地方の出身者もいます。このような地方企業の場合、常にその地域やエリアでナンバーワンの果物、野菜、特産品、鉱石、水などの素材がないかを探してみることも重要です。

**そうした名産品を使えば、地元産品としての売りを打ち出し、差別化することができます。UVPのストーリーに取り込むこともできる**はずです。

たとえば単なる水だったとしても、自然豊かな中部地方の奥美濃地方でとれる水であれば、商品に関する「地元ストーリー」の材料になります。このような視点を常に持つことが、「何を言うのか？」をつくり込む際にも大きなヒントになるはずです。

## 8 「ブレイクダウン」の法則

**狙う悩みを細かく正確に把握すること**

商品企画では、お客さまのリピート購入につなげるために、お客さまの悩みの深さ（痛み）をしっかりと把握しましょう。

**悩みの深さまでしっかりと聞き出すためには、ネット上のQ＆Aサイトで調査する方法と、半径5メートル以内の身近な人に聞く方法の2種類があります。**

たとえば、「臭い」とか「醜い」という悩みがあります。その悩みをターゲットにするのであれば、その「臭い」とか「醜い」という悩みがどのくらい深いのかをヒアリング調査します。

その悩みの部位は一体どこなのか？

顔なのかうしろ姿なのか、顔ならば目なのか鼻なのか、顎《あご》なのかおでこなのか、どんどん細分化して詳しく調べていきます。

症状についても、荒れなのか乾燥なのか、赤みなのかと詳しく把握していきます。

「悩み」×「部位」×「症状」と切り口を変えてどんどんブレイクダウンし、調査を繰り返してお客さまの悩みを正確に把握していくわけです。

こうしてブレイクダウンして調べていくと、**ネット通販ビジネスとして成立するための基準に該当するのがどの悩みなのか、おおよそ検討がつく**ものです。

特に深い悩みは痛みに転じます。痛みを解消する商品は、基本的にはリピートされやすい商品となりますので、そこに狙いを定めて商品企画をしていきましょう。

## 9 「悩みのレベルに合わせる」の法則

**お客さまの悩みの深さに合わせて商品のファネルをつくり、お客さまを1人ずつ「いますぐ客」へと教育していく**

お客さまの悩みのレベルはさまざまですが、分析するために仮に４つの階層に分けて考えましょう。

ダイエットの悩みを抱えているお客さまのケースで例示してみます。

レベル１：いますぐ解決したい**「いますぐ客」**……１％
　↓　とにかく何でもいいからすぐに痩せたい

レベル２：悩み始めて、解決策を迷っている**「お悩み客」**……９・５％
　↓　最近、ズボンがきつくなってきた。ダイエット商品はたくさんあって迷う

レベル３：悩みを気にしていない**「そのうち客」**……９・５％
　↓　太ってもいいと思っている

レベル４：悩みに気づいていない**「まだまだ客」**……80％
　↓　自分が肥満だと思っていない

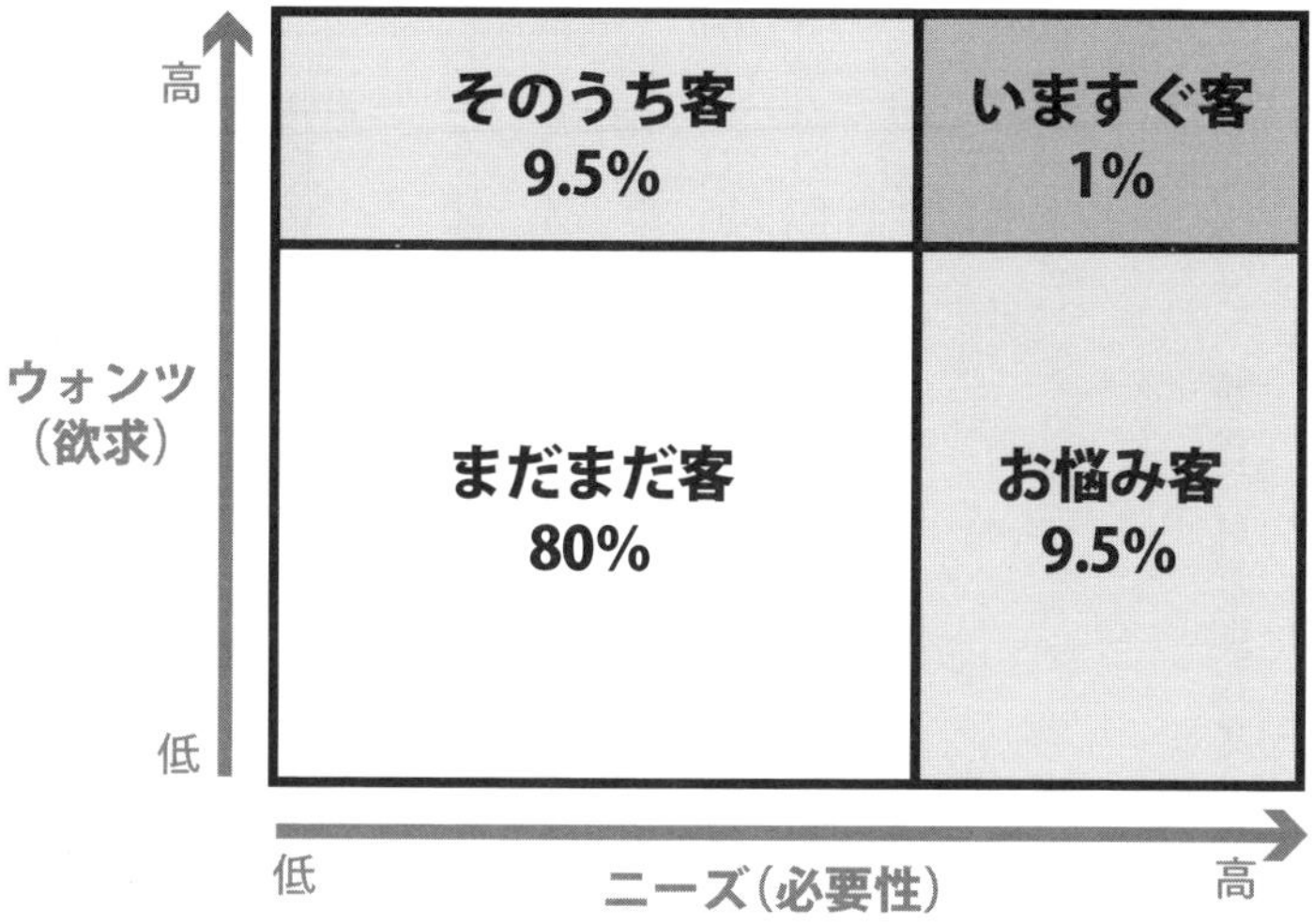


商品企画でコンセプトを作成するときには、このうち、**まずはもっとも悩みが深いレベル1に合わせることが最初のステップとなります。**

そのうえで、この4階層の意識レベルに合わせて、それぞれにコンセプトを構築して商品企画をしていきます。

いますぐ必要でいますぐほしいと思っている1人のお客さまの背景には、99人の買ってくれるかもしれないお客さまが隠れています。99人は購入の決め手を見つけられていないだけなので、背中をそっと押してあげれば顧客は成長していくのです。

なお、4つの階層は上図のように示せます。この図の中で、縦と横の方向へと成長させることはできますが、「まだまだ客」から「いますぐ客」への斜めのルートはありませんから注意してください。

お客さま1人ひとりに個別にアプローチするなんて、手間がかかりすぎると思うかもしれませんが、実はその中に商品企画のヒントが眠っているのです。

# 10「逆引き原価NG」の法則

## 原価と原価率から値づけをせず、市場の適正価格から値づけをすること

たとえば、商品をつくるのに１０００円かかったとします。

原価率を20％にしないと儲からないという理由で、原価１０００円÷原価率20％＝販売価格５０００円という価格決定をしてはいけません。

つまり、原価から逆引きして販売価格を設定するケースは、現場ではよくある話なのですが、この方法では適正な値づけはできない、ということです。

そうではなく、**競合商品を調べて「数量」×「金額」に分解し、儲かる商品企画の価格レベルを把握**しましょう。

**数量（容量）×金額での分析事例**（つや出しトリートメント）

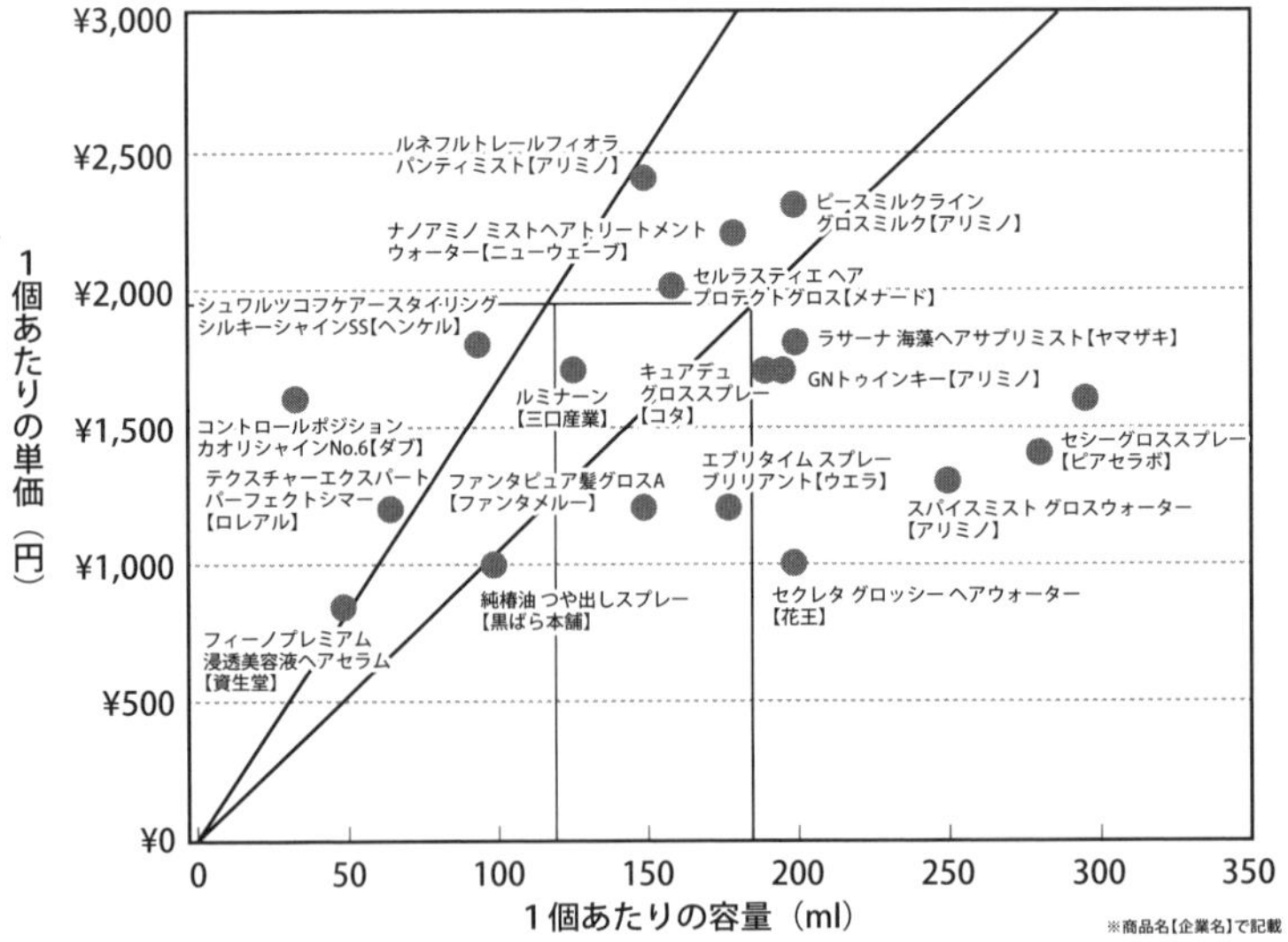

値づけは商品企画においても非常に大事な要素です。主な競合商品をすべてこの2つの基準で比較し（右図参照）、どの範囲を狙えば競合商品と対抗できるのか、しっかり検討してください。

## 11 「数値を足し込むと売れる」の法則

### コンセプトには、数値を上手に足し込むと売れる商品企画ができる

事例を挙げて解説しましょう。

少し前にブレイクして、月1億円以上売ることになった「葉酸サプリ」があります。葉酸サプリは、妊娠したいと思っているカップルがターゲットになることは前述しました。

妊活サプリのコンセプトは、主にベネフィットを語っています。妊娠したい人にとって、赤ちゃんのためによい体質に変わりますよ、というのがコンセプトです。

ここに、さらに数字をプラスするとコンセプトの訴求力が高まります。

「妊娠したい人の4人に3人が、実はこの葉酸サプリ、【妊活サプリ】を飲みながらトレーニングしています」とコピーで出せば、お客さまは「ええ!?」となるわけです。

このように、**商品のコンセプトに数字を入れ込むと、非常に強いキャッチーなコピーになります。**「10分に5個売れている」とか、「たった10秒のエイジングケア」など、どんな数値を足し込めるか意識して商品企画をすることです。

# 12 「他社が言っていない付加価値」の法則

## 新規性 × ストーリー性 × 付加価値 ＝ 売れる商品

売れる商品企画には、新規性とストーリー性が必要です。そのためには、**大手通販や競合他社が言っていないことを検討のテーブルに乗せる**ことが非常に重要です。**「新規性×ストーリー性×付加価値」の掛け算をうまく構成することによって、既存のレッドオーシャンに存在する商品であっても、まったく新しい商品、切り口として蘇らせることができる**のです。

ヒントとなる切り口は、雑誌の見出しだったりします。雑誌のターゲット層は、見込み客のライフスタイルまで踏み込んでいるのでとても参考になります。見出しにはターゲットに「刺さる」言葉遣いや表現がたくさん載っていますので、メモなどをとってストックしておくと役立ちます。

これらのストックの中から、ターゲットの関心に響くキーワードを抽出して、商品の新規性にならないか？　または、ストーリーをつくれないかと考えてみてください。

そのためには、他社が言っていない自社の付加価値を、まずは以下の15個の切り口から俎上《そじょう》に挙げ、そこから絞り込んでいくといいでしょう。私がお手伝いした、ネット通販事業を展開しようとする質屋のA社の事例を紹介しておきます。

## （A社の事業の概要）

【メインターゲット顧客】日本の高度経済成長に乗って、豊かで、趣味を活かしながら生活をしてきた方で、主な情報収集手段がテレビと新聞の方。

【査定価格の提示の考え方（金券、切手除く）】お客さまと会話をする中で、お客さまが思っている価値よりちょっと上の金額を提示し、喜んでもらう。提示金額に満足頂けない場合は、ご希望の金額を確認し、近づけるようにする。上記を実施することで、粗利30％強とする。

【お品物の取り扱い】1点1点、丁寧に査定していることが伝わるように態度で示す。見た瞬間に金額にならないものでも、多少の査定の時間をかけ、演出をする。

【取扱商材】貴金属、切手、ブランドバッグ、ブランド時計、古銭、メダル、勲章、刀剣、金券、懐かしのおもちゃ、骨董品、絵画、軍装品、高級洋酒、カメラ、スマホ、携帯電話、軽くて転売できる商材など。

## ■他社が言っていない自社の15の付加価値（15の切り口）

・新規性：各交通機関で来店しやすい。多くの商材を取り扱っている。
・歴史：●市で40年以上の実績がある会社の大手のフランチャイズである。●市駅前で4年目、看板による認知度も高い。

・機能：不要品を現金化でき、生前整理のアドバイスができる。
・価格：高額を希望される方にも柔軟に対応できる。
・限定：古銭、刀剣、骨董を扱うことができる。●市では、各交通機関を使ってもっとも来店しやすい買い取り店である。
・気づき：もしかしたら、もっと現金化できるものがあるかもしれない。
・評価：いろいろ聞いて、勉強になったとの声がある。
・人気：全国No.1なので、遠方からわざわざ電話で問い合わせをしてくる。
・感動：提示額が、お客さまの期待よりかなり高く、びっくりされる方もいる。不要品を、現金に換えることができ感謝されることもある。多くのものを持ち込まれ、丁寧に対応することで、感謝されることがある。
・実績：月間買い取り数は全国3位以内、買い取り金額は10位以内で、双方とも全国1位のときもあり。
・不安：ある程度価値のある、使っていない不要品を処分してほしい。
・解決：不要品を現金に換え、次の必要品の購入に回すことができる。
・期待：納得感のある査定をしてくれる。
・比較：駅周辺では、貴金属買い取り価格がやや高い。
・疑問：この買い取り金額は、他社と比較して高いのか？

このA社の買い取り事業の場合、「新規性×ストーリー性×付加価値」の掛け算から、戦前からの軍関係地域の強みを出して、「軍装品の勲章×生前整理のアドバイス×納得感のある思い出査定」のように付加価値を探していきました。

# 13 「商品企画は現場から」の法則

## 製造委託先の工場は、必ず実際に訪問して確認すること

たとえあなたの会社のビジネスモデルが、商品を委託仕入れするだけで、独占商品を仕入れたり、自社でオリジナルのハンドメイド商品を扱ったりしない場合であっても、取り扱う商品を決める際には必ず実際に製造現場に行ってください。

特に、**現地の工場に行って視察をしましょう**。視察することによって、営業マン（仲買人）が言っていることとの差異がわかります。営業マンと一緒に、工場長や、工場で実際に運営を管理している人とも会えれば、さらに万全となります。

製造現場だけでなく運営現場も確認することで、商品を発注してから納品されるまでのリードタイムの時間を把握できたり、またボトルネックがどこにあるかも経験則でなんとなくわかったりします。

さらに、視察の際には品質管理の基準も細かく確認させてもらうこと。それによって、販売後のクレームが一気に減少します。

もし、営業マンやOEM先が工場の見学を拒否する場合には、その会社と取引をすることはお勧めしません。特に、まだ仕入れ販売の経験が少ない段階では、やめたほうがいいでしょう。

すべてオープンマインドで見せてくれる取引先と付き合うことは、小さな会社が2年で億超えの年商を実現するためには欠かせない要素の1つです。**一気にブレイクするときにも、OEM先の協力は必須になる**からです。そのような取引先を探すことも、商品企画には必要であると理解しておいてください。

なお、手数料をケチって、自社で何でも取り込むことも避けるべきでしょう。

人権費の費用対効果を最大化するには、なるべく作業の効率化をできるように、外注すべきところは外注することも必要です。

# 14 「製造工程命」の法則

**製造委託先の営業マンとうまく付き合い、適正な在庫やリードタイムの確保をすること**

製造の発注をしてから納品されるまでの期間を**「リードタイム」**と言います。このリードタイムがどれくらいの長さかは、毎回しっかり確認して記録してください。

実践的なノウハウとしては、商品をつくってくれるOEM先の会社は、必ず1社だけではなく複数社と交渉することです。

先方の交渉窓口はＯＥＭ先企業の営業マンとなりますが、実際に製品をつくってくれるのは、営業マンではなく製造現場のスタッフです。

つまり、どんなに営業マンと細かく交渉したところで、絶対に実際とのズレは出てくるということです。

**そのズレを最小限にするために、あなたの商品の製造工程を示した表をもらいましょう。**

また、**必ず製造のラインを押さえた状態で、営業マンに工場への発注依頼をする**クセもつけてください。事前に製造ラインを押えることが納期の正確性を生みますが、ＯＥＭ先企業からすると、ラインを押さえたのにキャンセルされると穴が開き、大きな損失になります。

そのため、こんな会話がよく交わされます。

「製造工程の表を頂けませんか？」

「製造工程の表ですか？　あぁ、大丈夫ですよ～。あとでつくっておきます。」

こんな気のない返事なら、いつまで待っても表は出てこないなんてことは日常茶飯事です。

「ああ、やっておきます。大丈夫です。任せといてください。」

このように、営業マンが調子のよいことを言っても、口先だけで全然任せられないことはよくあります。

**営業マンの言うことは、半分は信じないぐらいで十分**です。半分は信じず、半分は信じるスタンスで、しっかりと営業マンのコミットメントをもらうように付き合っていきましょう。

それができれば、適正な在庫や、リードタイムの把握が実現できます。

# 15 「異質な2つを足し込む」の法則

## ターゲットを1人に絞り込むのが難しい場合は、2つのターゲットを組み合わせて新しい価値をつくるのも手

2つのターゲット層を想定して設計する、という方法もあります。

何度か前述したように、商品企画では普通、まず「ターゲット1名は誰ですか?」と自問自答します。しかしながら、「ターゲットを1人に絞って明確にしてください」と言われても、ほとんどの通販初心者は1人に絞ることができません。むしろ、「1人に絞れと言われたので、あれこれ考えているうちに、結果的には誰にもフォーカスできませんでした」となってしまうこともあります。

そこで、そういうときには**無理にターゲットを1人に絞らず、ターゲットを2人用意して組み合わせるという対応**をすれば、この事態を避けることができます。

たとえば、異色のメタルアイドル「**BABY METAL**」は、アイドル系のファンと、メタル系のファンという2種類のターゲットを組み合わせることで、新しいコンセプトをつくりました。ヘビーメタルが好きな世代と、アイドルが好きな世代がいままでは決して手を結ぶことがなかったのに、その2つのターゲット層を融合させて新しい「あり方」をつくり、まったく新しいジャンルを生み出したのです。このように、新ジャンルを生み出したものはビジネスを制します。

通販ビジネスでの実際の事例では、「ロボット＋掃除機→ルンバ」は代表的な2つのコンセプトの組み合わせです。

「国産のスライスされた生オレンジ＋ジャム→オレンジスライス」という例もありました。

みなさんも、組み合わせで新しい提案を生み出すことに挑戦してみてはいかがでしょうか。

## 16 「体験談をコンテンツに変換する」の法則

### お客さまに実際に取材してストーリー化し、商品企画に活かすこと

何度も述べているとおり、思わず引き込まれるストーリーには多くの人を魅了する力があります。UVPの4段構成のストーリーは、まさにこの効果を狙ったものです。

実はUVP以外の要素からもストーリーはつくれます。それは、商品をご愛用頂き、声を届けて頂いたお客さまです。お客さまに依頼して直接取材をすることで、その体験談をストーリーに変化させることができます。こうしたお客さまのストーリーも、商品の価値を他の多数のお客さまに伝えるのに効果的です。

お客さまに取材した「声」からつくった、実際のストーリーの事例を紹介しておきましょう。

## ■お客さまに取材した「声」からつくった実際のストーリーの事例

朝起きると突然、声が出なかった……

こんな最悪なことになるとは。


前日に、カラオケで歌ったわけでもなく、飲みすぎたわけでもありません。

にもかかわらず、商売道具の「声」が出ないんです。


翌日までに声が出なければ、プロの講演業をしているので関係スタッフにも迷惑をかけてしまいます。返金もしなければいけません。

特に喉が痛いわけでもなく、また、微熱があるわけでもないので、頭の中がパニックになってしまいました。

どうしよう！


このままでは講演をキャンセルしなければいけない、という状況まで追い込まれていました。

焦る中、知り合いの元ＮＨＫのアナウンサーに連絡をして現状を伝えました。彼女は、冷静に３つのアドバイスをしてくれました。

１点目　ステロイド系の点滴をしてもらう
２点目　マヌカハニーをなめる
３点目　明日の本番まで、声を出さない

これらを守れば、明日には声が復活すると教えてくれました。


不運なことに、その日は病院の休診日。

インターネットで調べたところ、マヌカハニーとプロポリスエキスのＷ(ダブル）パワーの商品があるのを発見し、すぐに注文しました。

発送も無理を聞いてもらい、すぐに届けてもらいました。


濃縮した水飴（みずあめ）のようなとろりとした食感！

本当に助かりました！


プロとして講演の仕事をする方にとって、喉のイガイガは本当に嫌ですよね？

そんな方への心強い“喉のお供”が、この「マヌプロ」の「イガイガクリアー」なんです。

いまでは、連日話す機会があるときには、予防という意味で小さじ１杯のイガイガクリアーでＷパワーを身にまとっています。

……このような「お客さまの声」を、やらせではなく、しっかり頂けるようなヒアリングのやり方も解説します。

**聞き出すポイント1：【普段の生活】**

・年齢
・家族構成（夫婦や子ども・孫、同居／別居など）
・趣味・ライフスタイル
・商品の使用ポイント（愛用期間や使用方法、タイミング、工夫している方法など）
・使用している類似商品や過去に使っていた商品（化粧品や健康食品など）
※ここでのポイントは、趣味やライフサイクルを深掘りすることです。それによって価値観が見えてきます。

**聞き出すポイント2：【悩みの自覚のタイミング】**

・具体的な悩みの症状（例：体調の変化、人からの指摘など）
・生活の中での変化（例：「面倒になった」「立ちくらみがする」「集中ができない」など）
※ここでのポイントは、悩みを自覚したシーンの具体的な描写を聞き出すことです。そこにクローズアップすることで、ストーリーに迫力が湧いてきます。

**聞き出すポイント3：【商品との出会い】**

・商品との出会い（例：家族・知人からの紹介、テレビＣＭ・新聞・チラシ・ウェブ広告など）
・初めて商品に触れたときの印象や感想（例：期待が持てた、半信半疑だった）
・商品を使用したときの印象や感想（味や香り、飲みやすさ）
※ここでは具体的なシーンを描いたほうがよいので、しっかりヒアリングをして聞き出してください。

**聞き出すポイント４：【効果の実感】**

・初めて効果を自覚したシーン（例：家族・友人からの指摘、体質の改善など）
・効果を実感するまでの期間
・家族や友人など周りからの反応
※ここでのポイントは、『効果・効能』以外の表現を、擬態語・擬音語を入れて教えてください」と言って、深堀りしてヒアリングをすることです。ただし、効果・効能は、広告表現的に使用できない場合があるので、オーバーになりすぎないように注意が重要です。

**聞き出すポイント5：【ハッピーな生活】**

・商品を継続使用して生活が変わったこと（例：「あきらめていたことができるようになった」「ほかにやりたいことができた」）

・生きがいの話（例：孫との交流）
・商品を継続している理由（例：他社の商品との違い）
※ここでのポイントは、近い将来の具体的なイメージを引き出すこと。そのお客さまの独特な表現が盛り込めると最高です。「英雄の旅」の法則を使った構成に仕上げたとき、「あっ、これは自分が体験したことがあるな」というような感情を無意識に感じさせ、ストーリーの主人公と自分の人生とを重ね合わせて考えさせる効果があります。

こうした方法で、お客さまの声を単なる声ではなく、ストーリーとしてコンテンツ化できるようにヒアリングをしてください。

## 17「キャンペーンでは極力値引きしない」の法則

**在庫処分も重要だが、キャンペーンの内容に工夫すれば**
**ブランドを維持したまま在庫を削減できる**

送料無料やポイント割引といったキャンペーンは、確かに一時的に売上を上げますが、ワクワク感を創出することまではなかなかできません。「単なるモノ売り」から脱却ができていない、典型的な手法です。

では、販促キャンペーンをどのようなタイミングで企画するのがよいのか？　実はそれは、商品企画のタイミングなのです。

理由は、商品企画のタイミングが、もっともお客さま1名に焦点を絞っているからです。

在庫処分は、「お客さま感謝デー」などをつくって、最大でも年間3回を限度に実施しましょう。在庫過多で通販ビジネスが継続できなくなる現実もあるので、こうした機会に在庫をしっかり処分し、現金化することは大切です。ただし、過剰な在庫処分をしているとブランド化ができません。

**商品企画の段階から、年間計画としてディスカウントする期間を決定しておくこと**が重要なのです。

たとえば年末年始、夏のボーナス、冬のボーナスなど、お財布の紐が緩みそうなタイミングには、なんらかのキャンペーンを行いましょう。**ただし、決して値引きキャンペーンにはしない**ことです。

価格は据え置きのまま、「福袋」として1点違う商品をプラスするとか、同じ商品を増量するなどして、ブランド維持の工夫をしながら在庫処分を実現しましょう。決して、年がら年中「店じまい」をしてはいけません。

**ブランドを維持し、いかにその価値を高めながらキャンペーンを行うか**、という視点はとても重要です。

私のクライアントさんの中に、定期購入制度を導入せずに、代わりに定期的なキャンペーンで売上を上げている会社がある、と前述しました。その会社の場合には、3か月に1回キャンペーンをしていますが、この3か月に1回という間隔は、商品企画の段階で想定した、お客さまの初回リピート購入のタイミングに合わせて設定したそうです（現在は2か月に1回に変更）。

また、その内容も単なる値引き販売ではなく、同じ価格で好きな商品を1本プラスしたうえに、さらに無料でカウンセリングができるという、価値を減らすのではなく高める方向でのキャンペーンとしています。お客さまの希望やニーズにも寄り添ったキャンペーンなので、逆に「キャンペーンはまだですか？」といった問い合わせが来ることも多いそうです。

# 18「ブランディングは間口を広く」の法則

## 商品だけに関する「間口の狭い」ブランディングをしないよう気をつけること

ブランディングとは、その名のとおり「ブランド化する」という意味です。自らの商品をより多くの人に認知してもらうことで、売上を伸ばすセールスマーケティングの王道です。

ブランドと聞いてあなたが思い浮かべるのは何でしょうか？「ポルシェ」や「ルイ・ヴィトン」のような、ヨーロッパの海外ブランドをイメージするかと思います。

たとえば、「ポルシェは高級車ですばらしい」と社会に認められているだけではなく、ポルシェ社は世界最大の伝統あるスポーツカーメーカーで、世界でもっとも高い収益率を誇る自動車メーカーでもあります。これは、ポルシェ社というメーカーがブランド化されているため、どんなクルマでも売れてしまうのです。

また、「ルイ・ヴィトン」を買う消費者は、決してバッグや財布を購入しているのではなくて、そのブランドを買っているのです。

ブランディングのメリットは、このように、お客さまの心に一定の強いイメージを植えつけることができる、という点です。ただし、ブランディングが仇になってしまうケースも存在します。

悪いイメージが定着してしまい、なかなかそこから脱却できない、というケースです。最近の事例では、日本航空（JAL）、ゼロックス、東芝などがそうですね。

また、**ブランドの名がいったん製品やサービスと強く結びついてしまうと、世間の受け止め方（イメージ）を変えるのは非常に困難になり、展開できる製品やサービスを限定してしまう危険性がある、**という点にも注意が必要です。


では、そうした危険なブランディングを避けるにはどうしたらよいでしょうか？

それは、製品やサービスの1か所のみに焦点を当てたブランディングをしないことです。

たとえばアップル社は、もともとはコンピューターの会社で、時代とともに音楽プレーヤーやスマホ、テレビと次々に新たな事業分野に進出してきました。お客さまにとっては、アップルという会社から次にどんな商品が生まれるのかわからないので、いまでも魅力的な存在になっていますし、アップル社の選択肢も広いままです。

また、ランニングシューズのブランドとして出発したナイキ社は、いまではアスレチック用品やアパレル品を売るブランドとしても成功を収めています。

両社に共通しているのは、アップル社の「Think Different（違ったふうに考えろ）」や、ナイキ社の「Just

Do It!（とにかくやってみよう！）」といったキャッチフレーズが示しているように、**商品企画の段階で、選択肢を限定するようなストーリーや価値提案を注意深く避けている**こと。それにより、商品ではなく企業名自体がブランドとなったことで、彼らがつくる製品はどんなものであっても飛ぶように売れる、という現象を引き起こしているのです。

小さな会社でも、こうした過去の成功例は大いに参考にしましょう。アップル社もナイキ社も、最初は小さな会社だったのです。

**商品でなく、あなたや会社の生き様、らしさ、ビジョンをブランド化する**ように注意しましょう。あなたの会社は、単なる商品を売っている会社ではなく、ビジョンや信念、夢などを売っているのです。結果として、うまく「間口が広い」ブランディングができれば、「商品は何でもいいので、あなた（の会社）から商品を買いたい」と思ってくれるお客さまが増えていきます。

そのためには、あなたの信念や価値観に基づいた、UVPを投影した商品企画が必要なことを再度確認してください。あなたの会社にしかない、一貫したストーリーをお客さまは求めているのです。

## 章のまとめ

・ブランドもお客さまも、外層と内層の2つに分けられる。商品企画はこの外層と内層のそれぞれが、ガッチリと意味づけが組み合うように行うとよい。なお、外層は自然と一致することが多いので、まずは内層を一致させるように注力すること。

・商品企画の際には、動画で使い方を説明するなど、購入までのハードルを極力なくす意識が大切。また、お客さまの満足度を測るNPS指標を導入して、即時フィードバックを得るよう心がける。

・薬機法（旧・薬事法）の縛りは、表現などのテクニックでも突破できるが、小さな会社ではむしろ本質的な価値提案をすることで突破すべきである。

・見える化されずに眠っている価値が、商品の周辺にたくさんある。しっかりと見える化して、他社との差別化に役立てよう。

・国産なら「メイドインジャパン」を必ず書く、地方の名産品化を意識する、数字を入れて強調する、異質な2つの価値を足し込む、お客さまの声をコンテンツ化する、などの方法で価値の見える化を実現できる。

・お客さまの悩みを細分化して正確に把握し、お客さまの悩みの深さによって異なる商品やアプローチで訴求するように展開するとよい。なお、最初の段階では、もっとも悩みの深いお客さまに焦点を当てて商品企画を行い、そこからだんだんと悩みの深さが浅いお客さまへと焦点を移していく。

・商品の価格は原価から設定せず、競合商品との比較から決定する。

・委託製造先との上手な付き合いも商品企画の大事な要素である。

・キャンペーンについても商品企画の段階で考えること。

・ブランディングの間口は広くして、本質的な価値提案をすること。

# 第6章

# 3か月目に実施する「売上加速」に役立つ法則15

本書の最後となる第6章では、ここまでに説明してきた「商品やサービスをお客さまに直接売る」という視点ではなく、少し違う切り口での手法をいくつかお伝えします。

それは、たとえば**「テレビや雑誌などのメディアに、あなたの商品やサービスを取り上げてもらい、それによって一気にお客さまを拡大する」という視点**や、**「お客さまの満足度をさらに上げる」という視点、「他社とのちょっとした違いをつくる」といった視点**です。

これらの視点での施策は、みなさんのネット通販ビジネスの売上を、さらに加速させてくれるはずです。

## 1 「広告とPRはまったく違う」の法則

まずは「広告」と「PR」の違いを認識しましょう。

テレビ業界やメディアの人の常識では、「広告＝宣伝、売り込み」です。

一方のPRとは、英語の Public Relation（パブリック・リレーション：企業や団体が社会とよい関係を構築するための活動）の略で、会社の私《わたくし》の情報をメディアで公開して、公《おおやけ》の情報にすることを指します。**広告には宣伝臭があるのに対し、PRは「公の情報」ですからより客観的な印象がある**、という違いがあります。

また原則として、**広告は企業が掲載料としてお金を出す手法であり、PRは企業がお金を出さず、メディア側が自主的に取材するもの**、という違いもあります。

小さな会社としては、広告は広告として適宜に出稿していく必要がありますが、当然ながら大手通販企業に比べれば、広告費として出せる金額はわずかです。そこで、PRについても意識して、自社の商品やサービスについて、メディアで無料で周知してもらえる機会をつくるように努めましょう。

PRが成功してテレビや雑誌で自社商品が取り上げられると、ときには売上がいきなり何十倍にもなり、商品生産が追いつかずに嬉しい悲鳴を上げる、なんて事態も起こりえます。

それは極端な事例ですが、そうでなくても自社で出稿する広告とは桁違いの影響力がありますから、お客さまを一気に増やし、売上も確実に向上するのです。

ただし、PRでのメディア掲載を実現するには、それなりのノウハウが必要です。

まず必要なのは、**自社の視点ではなく、テレビ局のディレクターや雑誌の編集者などの視点を意識する**、ということ。

メディアの関係者は、常に「ネタ」を探しています。しかし、そのネタの扱いにはそれぞれの業界の常識があります。

たとえばテレビ業界であれば、テレビ局は意外に保守的な会社ばかりですから、考査（審査）がとても厳しいです。そのため、ネタを直接テレビ局に流すのではなく、番組制作の下請けとなる「制作会社」に流すことで、取材されやすくなる、といった常識があるのです。

また、前述のようにPRでは公共性が求められますから、メディアの関係者が一般に周知するだけの理由が必要です。つまり、**「ネタ」が大切**ということです。**広告は宣伝、PRはネタ**と思って頂いてもいいでしょう。

ネタには公共性が必要ですから、そのネタに宣伝臭があったら取り扱ってくれません。営利のためのネタ＝情報ではまったく駄目で、むしろ**そのネタにニュース性があるかどうか、どうすればニュース性を持たせられるか、という視点を常に持つようにしてください。**

## 2 「地方発信だと成功しやすい」の法則

では、具体的にはどのような切り口でネタ（ニュース）をつくり出せば、メディアで取り上げてもらいやすいのか？　一番即効性が高い切り口をまず1つお教えすると、それは**「地方創生」**です。

もしあなたの会社が東京や大阪、名古屋などの都心部ではなく、沖縄県や北海道などの地方に根ざした会社であれば、「地域経済の活性化のために」という大義名分が使えます。**地元のメディアに出演できる可能性は非常に高い**でしょう。

あなたの会社の商品やビジネスに関する情報を、地域経済の活性化という切り口で、何かのニュースに変換できないか考えてみてください。

たとえば前章でも少し触れましたが、原材料などに地元の産品を使っているのであれば、そこをテコにして「○○県産の▲▲▲を使った商品で、全国市場に挑む若手経営者」といったネタをつくれます。あるいは、地元に店舗も構えている会社なのであれば、「○○市に本店を構える■■■株式会社が、ネット通販を使って全国展開に挑戦中」といったネタをつくることもできるでしょう。

地元メディアは、地域の産業ニュースの発信に特別の関心を持っています。そのため、こうしたネタをＡ４用紙１枚の「プレスリリース」にまとめてファックスや郵送などで働きかければ、意外に簡単に取り上げてくれることがあるのです。

東京や大阪、名古屋などの都心部の場合は、ニュースがたくさんあるのでなかなか選ばれません。地方の場合には、ある意味で「ネタが少ない」ので、成功率が高いわけです。

## 3 「メディアへの情報の伝え方18のポイント」の法則

あるテレビ番組のプロデューサーの方に教わった、ＰＲの成功率を引き上げる情報発信の18の技をみなさんにも伝授しましょう。メディアに流すプレスリリースを作成するときなどに意識すると、大いに役立つはずです。

### ① ニュース性をつくる

**何はともあれ、ニュース性を意識**しましょう。

と言っても、何がニュースになるかは素人には判断しづらいもの。そんなときには、次の９つの切り口でネタをつくるようにすれば、それだけでそれなりのニュース性が出ます。要するに、これらの切り口は近年の定番ニュースなのです。

**地方創生　／　環境　／　晩婚化　／　インバウンド　／　待機児童　／　農業　／　働き方**
**少子高齢化　／　女性活躍**

### ② 誰にでもイメージしやすい言葉を使う

メディアの視聴者や読者は、不特定多数の一般人です。狭い層を狙うわけではありませんから、子どもから老人まで、**老若男女の誰もが理解できる平易な表現を使ってください。**

さらに、感情の波を引き出したり、具体的なイメージを抱いたりしやすく、かつ、インパクトの大きな言葉や表現を使うように工夫しましょう。

### ③ 不安を煽る

「○○に悩んでいる方必見！」「○○が気になっている方へ」といった**悩み訴求系のメッセージは、お客さまを対象とするときにも役立ちますが、メディア関係者の中にも同じような悩みを抱えている人は必ずいるため、プレスリリースに使用しても反応がよい言葉です。**

「○○に悩んでいる方、いまはくすぶっているけれども、●●のようにしたくはないですか？」と、明るい未来を示すような形でキャッチコピーをつくってもいいでしょう。

悩みが深くなった先の「痛み」に直結するコピーをつくればさらにフックがかかりますが、メディアではあまり過激なことを言えない場合もあるので、それぞれのメディアでどこまでなら許容されるのか、何度も試してさじ加減を探っていくことも大切です。

## ④ あえて限定したターゲットに呼びかける

これは通販、ネットショップのLPでも大変重要なことですが、たとえば「女性限定」「静岡県民限定」といったように、**ターゲットをあえて限定する**キャンペーンを実施しましょう。そうすることで、その限定されたターゲットにより強力に訴求するのと同時に、ニュース性をつくり出す、という手法です。

通常はできるだけ網を広げて商売しようとするところを、あえて網を縮めるので、珍しさがあってニュースになる、というわけです。

テレビの情報番組で取り上げられているネタを、意識してチェックしてみると、想像以上に多くのネタが、この「限定したターゲット」の視点に立っていることがわかります。ぜひ、みなさんもまねをしてみてください。

## ⑤ 専門家や有名人を活用する

あなたの商品・サービスをPRするときには、専門家や有名人を上手に活用することも意識してください。

具体例としては、QVCのテレビショッピングの番組が参考になります。「○○先生がこのように述べています」とか、「○○の有名人が使っています」といった表現で、専門家や著名人をうまく利用して商品の訴求力を上げています。

同じように、**メディアへの働きかけの際にも専門家の意見を傍証として挙げると、客観性を重視す**

**るメディア関係者によく効きます。**

小さな会社が、権威性を利用してビジネス展開するのはお金がかかって大変なので、原則としては避けるべきだ、というのは前述したとおりですが、権威性が人の判断に大きく影響する要素であるのは変わりません。そのため、可能であれば専門家や著名人の権威性を安く利用できないか、常に意識しておく姿勢は小さな会社にとっても重要でしょう。

たとえば、チャンスがあれば自社の商品やサービスを有名人、芸能人、専門家などに無料で提供し、試しに使用してもらい、コメントをもらうことができないか考えてみてもいいでしょう。

ただし、芸能プロダクションに所属している著名人の場合には、コメントをもらうのに費用が発生することも多々ありますので、注意してください。

### ⑥ 具体的な数字を入れる

これはネット通販のLP作成の際にもよく使う手法ですね。たとえば「たった10秒のエイジングケア」、「8秒に1枚発行されている◯◯カード」といったものです。

あるいは、「顧客満足度98・1パーセント」「750万本の販売実績」といった実績の数値を入れても、非常にキャッチーになります。

**数字を入れることで、人の目を引くようになります。**キャッチコピーなどにはぜひ数字を入れて、メディア関係者がイメージしやすい表現とすることを心がけてください。

## ⑦ 顧客の声を盛り込む

前章でも述べましたが、お客さまの声は捨てるところのない「お宝コンテンツ」です。

LPや自社ウェブサイト、同梱物などに使うのはもちろん、**メディアへの情報提供の際にもお客さまの声を載せるようにすると、会社側が言っているのではないため客観性や説得力が高まり、取材や露出につながるプレスリリースとなります**。

## ⑧ 成功体験を入れる

テレビショッピングやテレビ通販では、商品やサービスを販売するときにお客さまの成功体験などをそのまま伝えると、誇大広告に該当してしまうケースがあります。そのため、表現には神経を尖らせないといけないのですが、だからといって成功体験をまったく捨ててしまうのも、あまりにもったいない話でしょう。

あくまで「お客さま個人の感想」という形なら、掲載ＯＫが出ることもあります。成功体験に関する魅力的なコンテンツがあれば、ぜひそれもプレスリリースに盛り込んでください。

## ⑨ 不可能を可能にする

**特にテレビでは、ギャップが非常に好まれます**。たとえば、「昔は貧しく4畳半に住んでいた。でも、○○○をしてみたら、成功を手に入れることができた！」といった感じです。

あなたが何かキャッチコピーをつくるときにも、不可能を可能にするギャップをつくることを意識して作成すれば、テレビ関係者に刺さるネタがつくれるはずです。

### ⑩ 希少性をアピールする

「いまだけ」「日本初」などのように、希少性や限定感を感じさせる表現も有効です。

これは**テレビに限らず、どんなメディアでも通用しますし、販売用のＬＰや同梱物でももちろん使えます**。ぜひ、希少性を大々的にアピールしてください。

なお、常に数値を意識しておかないと、希少なものなのかどうかがわからなくなります。⑥の「具体的な数字を入れる」視点と併用してもよいと思います。

### ⑪ 抵抗心理を逆手にとる

これは、本書で伝えてきた４段構成のストーリーの中の「共通の敵（常識）」と「新しい敵（気づき）」と同じことです。**メディア関係者への情報提供においても、従来の常識や抵抗心理を、新しい常識や気づきで覆す、という切り口は大変有効**です。ＵＶＰからつくったストーリーを、大いに活用してください。
⑨の「不可能を可能にする」にも少し近い視点ですね。

### ⑫ クイズ形式を用いる

「髪の毛を大切にしたとしても、実は老化は進んでいく。その理由をあなたは知っていますか？」というような、クイズ形式のコピーを見たことがありませんか？

実はテレビＣＭの中にも、このようなクイズ形式のものが結構あります。それだけ、メディアとの相性がよく、視聴者への訴求力も強い手法ということでしょう。

メディアへの情報提供の際にも、こうしたクイズ形式を取り入れると効果的、とのことです。

## ⑬誰かの紹介にする

テレビでは、誰かの紹介の形で新しい商品やサービス、あるいは知られざる名品などを取り上げる、というネタが定番になっています。

そして、その後は「こういうことで悩んでいたけど、こういう商品で解決されました」と続いていきます。

これを意識して情報発信するのも有効です。

## ⑭「ついに！」「いま！」「ますます！」を使う

この3つのフレーズは、ネット通販でもよく使われますが、テレビ番組でも常套句になっています。「アップル社の○○○がついに発売です！」「いま、まさに△△しようとしています！」といった感じです。

テレビ通販でも王道の技ですから、メディアへの情報発信の際にも、各種のコピーに盛り込んでいきましょう。

## ⑮ 特別な価格だと示す

定価2000円の商品を1000円で販売するとき、単に「50%OFF!」といった打ち出し方をするだけではなかなか刺さってきません。その価格を本当に特別に見せるには、同時に、前述した希少性・限定性を打ち出す手法を使いましょう。修飾語を加えて「ついに! いまだけ! もれなく2000円の商品が1000円になります!!」などと、定価との価格差にお客さまの意識がフォーカスするようにするのです。

また、**メディア関係者への情報発信の場合、低価格だけではなかなかニュース性が出てきませんが、それが珍しい理由による低価格ならば、メディアが反応する可能性があります。**

たとえば「台風で落下したリンゴを低価格で発売する」といったネタならばニュース性がありますので、みなさんのビジネスでも似たような打ち出し方ができないか、常に模索する視点を持ってください。

## ⑯ 無料を強調する

「無料」は誰もが大好きなフレーズです。私も大好きです。

路上のティッシュ配りで、ティッシュをもらうのは大阪人が多いのか、それとも東京の人も同様にもらうのか、という企画を東京のテレビ番組でやっていたことがあります。結果は、東京の人は適度に受け取るのですが、大阪のおばちゃんは自ら寄っていき、ティッシュをガバッととる、といったある意味で予想どおりの結果でした(笑)。要するに、東京と大阪でスタイルの違いはあっても、一般の方は無料のものに対する執着心がある、ということです。

そうした無料への執着心が一般に広く存在しているということは、無料情報へのメディア関係者の関心も大きいということです。地域による反応の違いも考慮したうえで、**あなたの商品・サービスの中で無料を強調することができる部分がないか、検討してみましょう。**

たとえば、余剰在庫対策のキャンペーンなどを行う際、値引き販売する予定だった商品の一部を、「この期間に買ってくれたら、もれなくこういうビンテージな商品を1個プレゼントします!」などとして提供すれば、キャンペーンに無料の要素を入れることができます。それを、メディアへの情報発信でも強調して伝えるといいでしょう。

## ⑰ ○○する方法と書く

たとえば「ネット通販で億を達成するための3つの方法」のように、「○○の方法」という表現は、このあとに何が来るのだろう、と読者の期待値を上げてくれます。

「○○の理由」、「なぜ、△△なのか?」という表現も同様です。

「どうしていま、□□が流行っているのか、その本当の理由!」などと書くと、人はグッと前のめりになりますし、メディアの食いつきも良好です。こうした表現を駆使して、吸引力のあるコピーをつくってください。

### ⑱『』（二重鉤括弧）を使う

これは新聞などでもよく見かけます。『』（二重鉤括弧）で見出しをつけることによって、その言葉を強調する、という手法です。

『』（二重鉤括弧）だけではなく、【】（隅つき括弧）や《》（二重山括弧）、〔〕（亀甲括弧）、普通の「」（括弧）などでも同様の効果を見込めます。これらを上手に使い分けてください。

これらの18の視点は、すべてを活用しなくても、いくつかを盛り込むだけでもメディアへの情報発信の反応率が大きく変わります。ネット通販のLPなどにも活用できますから、ぜひとも意識して、ノウハウを身につけるようにしてください。

## 4「総合通販のリストを利用する」の法則

主チャネルとなるネット以外で新規のお客さまを獲得する手法ということでは、PRでメディアを活用する手法のほかに、**他社の総合通販のリストを利用する**、という手法もあります。他社のお客さまへの同梱物の中に、費用を払って、自社の試供品やカタログを入れられるケースがあるのです。

競合商品の場合には取り扱いをしてくれないケースもありますが、総合通販の場合は、多くの大手通販企業で同梱サービスを提供しています。そのサービスを利用して、効率よくお客さまを獲得するのです。

私のコンサルティングを受けているお客さまの中には、特にニッセンホールディングスのリストと非常に相性がよく、この他社リスト経由で、多くの優良なリピート客やファン客を獲得して、年商3億円以上にまで急成長できた、という事例もあります。

ちなみに、単品リピート通販で現在は大手通販会社となったポーラ・オルビスやDHC、エステ業界で有名なTBCなども、初期には他の総合通販のリストを利用して大きくなっています。

私が勤務していた総合通販会社（ムトウ、現在のスクロール）でも、在籍当時でリストの総数は600~700万件に達していました。利用料を払うことで、そうした他社のリストを利用できますから、必要に応じて利用を検討してみてください。

## 5 「リアルのテストは静岡と広島で」の法則

ネット通販で大きく展開したい経営者も、一定以上に規模を拡大したいのであれば、ある段階でリアルでの集客を考える必要が出てきます。

その際、当然ながらリアルでのテストマーケティングを行う必要があるのですが、前述したドライテストはネット上でのテストマーケティングなので、リアルでは別の手法を使う必要があります。

具体的には、**「パイロットテスト」**という方法を使います。

これは、本来的には調査票を使用したテストマーケティング全般のことを指すのですが、通販ビジネスの業界では、通常、**人口構成や購入の面で全国の縮図と言われる静岡県と広島県の2県だけでテ**

**スト販売をし、その反響に一定の係数をかけることで、全国での数値に近いものを導く、**という多くの通販会社で採用されている手法を指します。

非常に小さな規模でテストマーケティングができますので、実売数や実売率だけでなく、広告などへのMRを測るのにも有効です。リアルでの販売が視野に入ってきたら、必ず実施するようにしてください。

なお、このテストマーケティングを実施する際には、必ずアクティブなお客さま、つまり定期的なリピート販売を現段階でもしてくれているお客さまを対象にして、実施するようにしましょう。

これは、優良なお客さまを対象にしてまずはテストをする、ということです。優良なお客さまに刺さらないということは、そうではないお客さまにはまず刺さらないからです。

優良なお客さまを対象にしたテストマーケティングの反応がよければ、そうではないお客さまも含めてテストする、という2段階での確認を行うようにしましょう。

## 6「アップサーブ」の法則

サーブとは「奉仕」という意味です。

通販ビジネスでは、よくアップセルという言葉が出てきますが、これはより単価の高い商品をお客さまへお勧めして買って頂くこと。本書でも、売れる商品を購入してくれたお客さまを、上手に教育して儲かる商品を買ってもらうようにすることの大切さをすでにお伝えしています。

ただしアップセルだけでは、一部のお客さまはそこに商売臭さを感じ、次第に離れていってしまいます。

そこで、**お客さまに対してより親身に、寄り添うようにしてさまざまな提案をすること**が最近重要視されてきており、これを**「アップサーブ」**と呼びます。

無機質な同梱物やメールを送信するだけの上っ面の対応では、お客さまはリピート客やファン客へと育ってくれません。ネット通販は特にまねのしやすい事業であるため、他社がまねをできないレベルで、世界観までつくり込んだサービスを提供することがとても大切です。

## ■初回購入者への手厚いフォロー

各ステップごとに、どのようにすればアップサーブな対応ができるのか、具体的な対応法を紹介していきましょう。

まず初回購入者へのフォローでは、情報の出し惜しみはしないことと、いきなり売り込みをしないことが大切です。

ステップメールで教育する場合にも、前述した3つの壁（43ページ参照）や4つの壁（70ページ参照）を1つずつ取り除くことをまずは意識しましょう。

これらをしっかり説明したうえで、キャンペーンなどの提案に入ることです。

## ■初回購入〜3回目の購入

この段階では、とにかく接触の機会を数多く持つことが重要になります。接触頻度が上がると、相手への「好意」が増加するからです。

これは**「ザイオンス効果」**としても知られ、多くの企業でもしっかりと意識されています。第1章で紹介した「3 - 3 - 2の法則」も忘れないでください。

## ■休眠顧客の掘り起こし

ファン客やリピート客の休眠と、一度しか購入していないお客さまの休眠を一緒にしてはいけません。私は、**優良顧客が突然音信不通になることを「ロイヤル休眠」と呼んで、その他の休眠と区別し、この層の休眠顧客の掘り起こしには人一倍力を入れています。**

初回休眠とロイヤル休眠とでは、掘り起こしの取り組みにも反響率に10倍近くの差が出ます。ロイヤル休眠は、復活したあとにリピート購入のサイクルに戻りやすいのも特徴です。

可能であれば**「お客さま相談室」などを設け、お客さまからの小さなシグナルを見逃さない**ようにしてください。これは、**お客さまが迷ったときにはすぐに相談できるような態勢を整える**ことにもなります。

私が勤務していた総合通販会社でも、商品受注のコールセンター業務は外注化していましたが、お客さまからの相談窓口だけは、自社の社員で運用するようにしていました。

かつてはコストの関係ですべてを外注していたのですが、次第にお客さまの声や本音がわからなくなるという弊害が発生してきたため、あるタイミングで相談窓口だけは自社運用に変更する判断をしたのです。顧客管理のシステム化がどんなに進んでも、どんなお客さまが、どんなことに悩んで自社の商品を購入してくれたのか、ということは、実際に話を聞かないとなかなか把握できないものなのです。

また、細かいことですが、**お客さま相談窓口を設置したら電話は3コール以内に100パーセント受けるようにする**こと。多くのお客さまに支持されている会社は、どこも絶対に2コール以内でとります。

さらに、**オペレーションはマニュアル化、ルール化する**ことも大事です。マニュアル化、ルール化されていない（行動規範になっていない）と、お客さまからの電話をとるのが心理的に怖くなるため、オペレーターがすぐに電話をとれません。

そうなると電話がどんどん鳴って、それだけで待っているほうはイライラするわけです。そのイライラする状態をつくらないことが大切なので、3コール以内には100パーセントとることをしっかり担当者に意識づけしてください。

ここでの注意点としては、**小さな会社であっても、絶対に社長が最初から電話をとらない**こと。ダイバーシティの面からは少々問題がありますが、最初の受け手は女性のほうが、柔らかい印象があるためクレームになりにくいと言われます。そこで、可能であればまずは女性の一般社員の方にとってもらうようにし、その後に（男性の）責任者にバトンタッチしてもらう、というのが一番いいでしょう。

## ■商品パンフレット（ブランドブック）には大いにこだわる

商品パンフレットには広告と同じくらいに予算をかけ、こだわりを持って作成してください。特に会社のビジョンやミッション、世界観や価値観などは、しっかりと盛り込むようにします。

お客さまはこうした販促物を読んで、自らさまざまな疑問を解決するからです。

## ■お客さまの声のコンテンツ化

すでに述べた「お客さまの声をコンテンツ化する」ことも、アップサーブな対応につながります。

たとえば、小林製薬の「お客さま相談室」では、寄せられる苦情を分析して新商品開発に活かすスキームを構築しています。相談員25人と、寄せられた苦情や意見を調査する情報分析員が9人いて、その情報分析員のうち4人がマーケティングと研究開発出身の社員で構成されているそうです。

マーケティングの専門家の4人は、深掘りして調べる価値があると判断したお客さまの声については、インターネットや広告代理店を使って市場調査し、その背景にある需要を予測しているとのこと。

就寝時用の「のどぬ～るぬれマスク」開発のきっかけも、「乾燥と戦っている。のどの痛みをなんとかしてほしい」という1人の顧客の要望だったそうです。

結果、のどぬ～るぬれマスクは発売から半年で11億円を売り上げる人気商品となっています。

小さな会社でも、こうした他社の事例を参考にすることは大切です。会社の規模は違っても、ノウハウの真髄は変わりません。

**苦情や意見を丹念に読み込み、そこから商品企画や改善につなげることも、お客さまへのアップサーブな対応となる**のです。

## ■返品保証期間はできるだけ長くする

商品の返品保証期間は、30日でも90日でも返品率は変わらないため、90日にしたほうがお客さまの不満は軽減します。私のコンサルティングでは180日の保証をお勧めしていますが、これでも90日の場合と返品率に大きな差異はありません。

ということは、**返品保証期間はできるだけ長く、可能であれば180日とする**ことがアップサーブな対応となるでしょう。

## ■使い方の疑問をすべて潰す

一般的に、定期購入制度を解約する理由の第1位は、購入した商品が使いきれずに余ってしまうこと、とされています。正しい使い方で適切な消費を訴求するためにも、企業側は「使い方」ツールを作成し、お客さまとともに常に見直して運用するようにしましょう。前述したように、動画の活用も検討してください。

## ■紹介制度の導入

リピーターから新規のお客さまを紹介してもらう、**紹介システムの構築もお客さま満足度の向上に**

## ■アップサーブ実践の参考他社事例

**① インパクトで差をつける米通販会社**
・挨拶状に稲穂を添える
・米袋にお客さまの名前を印刷し、お客さまの名前での詩を添える
・梱包が選べる（エコ・化学物質不使用等）

**② リアル媒体で徹底的に接触する会社**
・お客さまの平均リピート購入数：28 回
・500 円のトライアル品からバックエンド品への引き上げ達成率：45％
・定期購入申込者割合：９割
・フォローは紙のＤＭのみ
・商品説明は初回のみ。リピート以降はコミュニケーションをメイン。
・ＤＭは手書きでイラスト、オペレーターの顔写真入り
・会報誌を月１回発送（ファイリングしやすいように穴あき済）

**③ ビジョンを共有する会社**
・優良顧客には特別なプレゼントを実施：誕生日に花
・社内の有志で「みんなの夢ブレスト会議」を実施

**④ 休眠顧客をフォローする化粧品通販会社**
・ファン客の休眠には間を置かずに手紙を郵送（販促要素なし）
・発送数：490　→　直後の受注：61（最終的な受注：91）　→　掘り起こし率：12.45％、売上：1006（千円）

**⑤ 休眠顧客をフォローする食品通販会社**
・休眠状態のリピート客に定期的に手紙を郵送
・発送数：3192　→　直後の受注：163（最終的な受注：170）　→　掘り起こし率：5.1％、売上：1370（千円）

**⑥ 使い方を徹底的に説明する化粧品会社**
・購入後 10 日前後にメールなどで正しい使い方を案内
・使い方の勉強会も開催。勉強会に参加する方は優良顧客になる可能性が高く、さらに勉強会に１人で参加する人は少ないため、必然的に友達等で新規が増える。

**⑦ データベースを活用するサプリメント通販会社**
・顧客とのコミュニケーション情報をすべてデータ化し、そのデータを元に販促を行った結果、8000 円のサプリの平均リピート回数が 10 回に上がった。

**は有効**です。紹介者には、なんらかの特典を用意するのが一般的です。

## 7 「クレームにはまず徹底的に謝る」の法則

商品を売る以上、クレームは必ず発生します。大事なのはそのクレームへの対応です。**クレームへの対応次第で、クレーム客がリピート客やファン客に変わることもある**、というのはよく言われる事実です。

具体的には、クレームにはメールと電話でしっかりとフォローをしていきましょう。**どちらかだけではダメで、必ず両方の手段で連絡します**。直後にはお客さまは怒っているので、まずは誠意を持って謝罪し、そのあとに可能な対応策を打っていきます。

**連絡や対応は早ければ早いほど吉**です。遅くなればなるほど、お客さまの怒りのボルテージが上がり、最終的には取り返しがつかなくなります。挙句の果てには自宅まで謝罪に来いとか、新聞で謝罪しろとか、そんなことにまでなったらダメージは計りしれません。

**謝罪はとにかく早く、徹底的に謝る**。仮に短期的には損をしたとしても、まずはしっかりと謝ることが大事です。ましてや、クレーム対応をたらい回しにするなどは絶対禁止です。

私自身にもこんな経験があります。クレームの電話があったときに、「担当が違うので、担当に回します」と言ったところ、その瞬間に「お前が受けろ、なんで受けられへんのや」と説教されたことがありました。

あなたもそうならないために、クレームに対してはできるだけ、電話を受けた担当者が初期対応をするようにルール化しておくといいでしょう。最大でも、取次回数は1回に抑えることです。

また、**クレームへの対応は心理的なストレスが大きいので、社長さんは担当者のフォローをしっかりしてあげる**ことも大切です。担当者に対してのサポート体制がしっかりしていれば、担当者は安心してクレームに対応することができます。

クレームは次につながることも多いとしっかり教育しておき、お客さまに失礼のないように対応することです。

## 8 「バトンリレー」の法則

先程も少し触れましたが、お客さま対応は基本は女性、責任者は男性にすると、時短でクレーム対応が終わります。そのうえで、小さな会社であれば、最後の砦を社長にする、ということになるでしょう。

最初は女性の一般社員が受けて、「上に代われ」と言われたら男性上司に代わります。日本人には、このステップを経ることでなぜか納得するという、時代錯誤でちょっと変なところがいまだにあるのです。これは理屈ではありませんから、現場のニーズに合わせて仕組み化するしかありません。

実際、最初の女性社員とその後の男性社員（か社長）がまったく同じ内容を話しても、お客さまの反応は往々にして異なります。

そういうことがあるので、**最初は担当者、しかも女性がとり、そのあとに責任者の男性がとる。それでも駄目な場合には、社長が出るという順番で決めておく**といいでしょう。

最初に社長が電話をとっていると、このステップを踏むことができませんから、社長が常に自分で電話をとるのは得策ではない、ということを再度指摘しておきます。

## 9 「トークスクリプト」の法則

**「トークスクリプト」**とは、話し方のマニュアルのことを指します。

**お客さま相談室やクレーム対応などでの話し方のマニュアルは、話す順番のセオリーを決めるなどしてしっかりと標準化**し、AさんではできるけれどもBさんではできない、というようなことがないようにしておきましょう。

このとき、多少の方言が混じっても問題ありません。わかりやすく、丁寧に、ゆっくり話せばＯＫです。

大手企業のトークスクリプトをそのまままねるのではなく、あなたの会社のこれまでの経験を踏まえて、独自の内容を作成するのが得策です。それも、上司や社長がつくるのではなく、実際の対応にあたるスタッフや外部の方たちにつくってもらいましょう。社長が自分でつくっても、大抵は失敗するので、この**スクリプトの作成については現場に任せることが重要**です。

ある大手企業のコールセンターの受注対応では、まずお客さまの名前を聞いてから、住所、電話番

## ■ トークスクリプトの事例（某社の販売業務の勧奨トークスクリプト）

**名乗り**

お電話ありがとうございます。A株式会社、担当○○でございます。

**本人確認**

ご連絡ありがとうございます。ご連絡差し上げた記録をお調べ致しますので、お電話番号をお伺いできますでしょうか？　…　…　…

大変お待たせ致しました、○○さま。記録の確認が取れました。ありがとうございます。

**架電反響**

**趣旨説明**

今回、お電話させて頂きましたのは、以前、弊社の商品をご購入頂きましたお客さまに、**会員さま限定のキャンペーン**のご案内でご連絡させて頂きました。

**はい**

**必要ない**
**結構です**

**商品説明＆キャンペーン説明**

ありがとうございます。

前回は弊社製品をご購入頂きまして、誠にありがとうございました。ご使用されてみて、使い心地などはいかがでございましたでしょうか？

※上記ヒアリングでお客さまからポジティブなご意見を頂けた場合は下へ進む。
ネガティブなご意見の場合は、資料【応答例】を参照する。ダメなら失礼のないよう終話し、データベースに「拒否」フラグを記載。

左様でございますか。差し支えがなければ、参考までにその後、ご購入をお止めになられましたご理由をお聞かせ願えませんでしょうか？

※お客さまに時間があった場合のみヒアリング。可能であれば再度勧奨。

**はい**

**「結構です」**

**「もうかけてこないで」**


左様でございますか、ありがとうございます。

実は今回、弊社の会員さまに限定してお電話を差し上げているのですが、この度、**●●●の「●●ケアセット」**をご用意させて頂きました。セット内容は、**●●**を各1個ずつご用意させて頂いており、料金も**定価の●割引きにて**ご提案させて頂くキャンペーンを行っております。


左様でございましたか。かしこまりました。弊社HPにも本日ご紹介させて頂く商品が掲載されておりますので、ぜひご利用ください。

今後とも、弊社の**●●**シリーズをよろしくお願い致します。

失礼致します。　→　終了

**料金説明＆クロージング**

料金でございますが、通常価格でございますと**OOOO円**となりますが、キャンペーンということで、**OO%引きの●●●●円にて**販売させて頂いております。1か月あたり△△△円でご使用頂けるんですね。

普段、店頭などではお値引きは行っておりませんので、今回まとめて集中的にケアされるお客さまには、大変お得かと思います。

何分にも、今年は猛暑と言われておりますので、この夏のダメージ対策としても宜しいかと思います。ぜひこの機会に、ご購入されてみてはいかがでしょうか？

**●●は結構です**

**はい**

**お礼**

ご注文、誠にありがとうございます。

それでは、お申込みにあたり、いくつかご確認と簡単なアンケートにお答え頂きたいと思います。　→　次ページ【確認事項】へ

| | |
|---|---|
| **受注確認** | お申込みに必要な事項を確認させて頂きます。<br><br>・電話番号　・お申込者の氏名（フルネーム）<br>・お申込者の漢字氏名　・お届け先の住所<br><br>※郵便番号、都道府県、市区町村、番地、マンション・アパート名、部屋番号まで必ず確認。<br>画面上に記載の住所と必ず見比べ、上記の１つでも違いがあった場合は、変更処理を行うこと。<br><br>ありがとうございます。本日ご注文の商品は、●●（商品名）を●個でよろしいですか？ |
| **クロスセル確認** | ありがとうございます。ちなみに、●●以外にも▲▲がございます。（〇〇〇円）<br>エイジングケアをコンセプトとした「▲▲化粧品トライアルキット（●●●円）」もご提供させて頂いております。本日ご購入頂きました商品と合わせて、▲▲さまもご利用になってみてはいかがでしょうか？<br><br>↓ **クロスセル成功**<br>追加のご注文、誠にありがとうございます。代金でございますが、先ほどご注文頂きました●●の料金〇円と合わせ、合計〇円となります。よろしくお願い致します。<br><br>↓ **クロスセル失敗**<br>かしこまりました。もしご興味がございましたら、弊社 HP でも取り扱いしておりますので、ぜひご覧になってみてください。よろしくお願い致します。 |
| **決済方法確認** | お支払い方法は、代金引換とクレジットカード（1 回払いのみ）とがございます。どちらがよろしいですか？<br><br>※代引の場合<br>代引き手数料と致しまして、商品合計とは別に〇〇〇円をお支払い頂きますので、ご了承ください。合計金額は、商品代金〇円と代引き手数料〇円合計で〇円でございます。<br><br>※カード決済の場合　→　①～③それぞれの項目について**必ず復唱**を行うこと。<br>①カード番号　……　「それでは、カード番号をお願い致します」<br>②有効期限　……　「カードの有効期限をお願い致します」<br>③カード名義人　……　「ご本人さまのカードでよろしいでしょうか？」<br>「カードに記載のあるお名前のローマ字をお教え頂けますか？」<br>合計金額は、商品代金〇円、送料〇円を合わせまして、合計〇円をカード払いで承りました。 |
| **発送返品確認** | 最後に商品のお届けについてですが、本日のご注文受付後、３営業日以内に発送させて頂きます。（土日除く）<br>※離島地域については、商品のお届けは 10 日程度で到着となることを案内する。<br>※着日指定をご希望の場合は、翌営業日から数えて 5 日目以降で受付してください。<br><br>なお、商品の返品につきましては、**到着から 8 日以内であれば**承りますが、開封されました商品は返品・交換は致しかねますので、あらかじめご了承ください。<br>また、お客さまのご都合による返品・交換の場合、**お手数料等はお客さま負担**となりますのでご了承ください。<br><br>本日は、私、株式会社●●の●●〇〇（オペレーターのフルネーム）が、〇〇さまの弊社製品のご注文を承りさせて頂きました。今後も弊社●●シリーズをご愛顧頂ますよう、なにとぞよろしくお願い致します。<br>本日はご連絡、ご注文、誠にありがとうございました。失礼致します。 |

号、お届け希望日時などの必要事項を聞いたうえで、どのようにこの商品を知ったのかといったところまでしっかりとヒアリングをし、**合計で3分30秒ぐらいで終わるような構成**になっています。

これぐらいの時間が、お客さまがイライラせずに話してくれる最大限度でしょう。

この段階でお客さまをイライラさせてしまうと、次に買って頂けなくなります。

そういったことにも注意して、ぜひあなたの会社にもトークスクリプトを用意してください。前ページに某社の事例を紹介しておきますので、こちらも参考にしてください。

## 10 「キャンペーン前には増強」の法則

自社の電話回線については、当初は2本から4本の回線を用意しましょう。

2回線でも余力があれば大丈夫かと思われますが、大規模なキャンペーンやPRを予定しているのであれば、4回線にしておいたほうが安心です。

新聞などで全国的に販促のキャンペーンを打つと、問い合わせの電話も一気に増えます。電話が鳴りっぱなしになり、回線が混んでいて使えない、とれないということになりかねません（この状態を、専門用語で「アフレコ」と言います）。**アフレコになるとお客さまの満足度も下がりますし、せっかくの受注機会を捨てることになります**ので、できればこの事態は避けたいところです。

また、私が一時在籍していたベンチャー企業では、ｙａｈｏｏ！のトピックスやｙａｈｏｏ！ニュースに情報が載ったら、サーバーがいきなりダウンした、ということが何度かありました。トラフィックが突然10倍になったのです。

自社の商品がテレビで取り上げられ、「この商品、おもしろいな」とか、「この会社気になるな」と思ってその場で検索したとしても、サーバーがダウンしていてずっと読み込み中の表示しかされない、というのではもったいなさすぎます。

**大きなキャンペーンを打つ際には、あらかじめサーバーの増強と電話回線の増設をしておき、機会損失にならないようしっかり備えておきましょう。**

## 11 「権限移譲」の法則

お客さま窓口を設置した場合には、現場の責任者、いわゆる「スーパーバイザー」という立場の方に、ある程度の権限を与えるようにしてください。

お客さまからの質問やクレームに対して、担当者の裁量が小さくて、「少々お待ちください、確認してまいります」とか、「後日返答します」という対応では、それだけでお客さまの評価が下がります。すぐに回答し、即時に対応することがお客さま窓口の品質とも言えますから、多少リスクがあったとしても、ある程度の権限は現場の責任者に委譲し、その担当者の段階で解決することが結果的に会社の利益となります。また委譲する権限が大きいほど、担当者も育っていきます。

アマゾンが恐れたという、ザッポスという靴の通販会社があります。お客さまが要望する靴が在庫切れの場合には、他社のサイトや商品を紹介するという、感動的な顧客対応をしていました。

個々のそれぞれの担当者に大きな裁量があるので、お客さまに感動を与えるサービスを提供できたわけです。

ザッポスと同レベルで、とまでは言いませんが、**みなさんの会社でもコールセンターの責任者や担当者1人ひとりに、ある程度の権限移譲をすることを検討してください。**

## 12「オーバービュー」の法則

小さな通販会社でも、会社が大きくなってくるとマネジメントを重視しなければならなくなるタイミングがやってきます。

その際には、**常にお客さまに向き合っている組織体制になっているか再確認**しましょう。

それぞれの部門が、私は商品発送をするだけ、私は商品をつくるだけ、私はプロモーションだけ、と縦割りの構成になっていてはお客さまとの関係性が見えません。

改善策としては、**お客さま相談窓口をベースにして、それぞれの部門をつなぐよう意識する**ことです。これも、お客さま視点でのアップサーブな対応です。

事実、このようなマネジメントの体制を組むことで、とあるベンチャー企業の化粧品会社は一気にドンと売り上げが伸びました。

経営者は、自社の各部門が満遍なく機能しているか否かを大きな視点でチェックする「鳥の目」、あるいは「オーバービュー（俯瞰）」を持って、それぞれの部門のつながりを1枚の紙に書いて、それらをバトンでつなぐ発想でマネジメントしましょう。

## 13「もうひと手間」の法則

年間のリピート率が高い通販会社は、販促物の文字や色遣いにも気配りができているものです。

たとえばお客さまの声は、実際にお客さまが書いてくれたようなフォントや手書き文字で表示し、自社からのオファーには目立つ書体や文字色を使用するなど、状況に合わせた演出で世界観をつくっています。

見慣れたゴシック文字や明朝体だけではなくて、ところどころ手書き風の書体を使うことで、ポップなどの販促物もとても目立つようになります（使いすぎは逆効果なので要注意）。

大事なのは、統一された世界観を表現すること。それができていると、個々の販促物をとおしたブランディングも可能になり、一気に多くの見込み客を獲得できます。

なお、こうした統一感をつくっていくには、きちんとプロのデザイナーを使うことも必須です。

## 14「禁じ手」の法則

本書では、楽天市場などのモール系での通販運営をお勧めしていませんが、参考までにモール系での販促方法にも少し触れておきましょう。

とはいえ、それほどアドバイスは多くありません。**モール系の場合には、基本的に送料無料とポイント×倍、この2つのオファーしか効かない**からです。

どちらも実質的な値引き販売であり、一時的な効果はあっても自社のブランディングには貢献しません。そもそも、モール系のお客さまには、あなたの会社で購入したという意識はありませんから、ブランディングを重視するのであれば、やはりモール系への出店はお勧めできない、ということになります。

## 15 「紙でネットにお客を集める」の法則

リピート促進用のＤＭを作成する場合には、単に商品を掲載してオファーをつけて販売するだけでは効果的ではないことは、これまでの解説でわかって頂けたと思います。

リピート促進の手法として効率やコストを考慮した場合、どうしてもメールという選択になるかと思いますが、**お客さまに世界観をより深く知って頂くためには、メールだけではなく、リアルの媒体である紙のＤＭやハガキが効果的**です。

タイトルだけを見て、本文は読まずに削除されてしまう可能性のあるメールとは違い、紙のＤＭやハガキは実際にお客さまの手元に届いて、少なくとも一瞬は眺めてもらえます。

そうなればしめたもの。あなたの「生き様」「らしさ」などからつくり込んだ世界観に引き込むチャンスが存在します。

たとえネット通販であっても、紙の媒体はあなたの会社のサービス内容を紹介するのに、もっともふさわしいツール、最高のパートナーになってくれる可能性があるのです。

コストはかかりますが、そのコストに見合う効果は必ずありますので、ぜひ紙のＤＭやハガキも作成・展開するようにしましょう。

矛盾しているようですが、そうすることによってネットへの集客もできるのです。

## 章のまとめ

- 広告以外にも、無料の PR を使ってテレビや雑誌などのメディアに自社商品を紹介してもらい、一気に多くの見込み客に自社商品を知らせることを試みよう。
- 「地方創生」など、ある程度定番化しているニュースの切り口を使って、自社の商品からニュース性のあるネタをつくると効果的。そのほかにも、メディアへの情報発信にはさまざまなコツがあるのでしっかりとマスターする。
- 総合通販大手が有料で提供しているサービスを使い、他社の顧客リストを有効活用する。
- リアルでの商品販売に踏み出すときには、静岡県と広島県の 2 県でのテストマーケティングを実施すること。
- 今後は通販のさまざまな段階で、お客さまに対してより親身に、寄り添うようにさまざまな提案をする「アップサーブ」な対応を心がけること。
- クレームには迅速に対応できる態勢をつくっておき、まずはしっかり謝罪し、そのあとにさまざまな対応策を打ち出していく。最初の受け手は女性社員に、その後に男性上司が受けて、最後に社長が受ける、という 3 段階のステップをつくっておくと効果的。
- クレームやお客さまの相談に、現場の担当者がすぐに対応できるよう、ある程度権限を移譲しておくこと。
- お客さま相談室を設置して、直接お客さまの声を集めるようにする。担当者の対応手順もマニュアル化しておく。
- 大規模なキャンペーンを行う際には、事前に電話回線やサーバーを増強しておき、機会損失を避けること。
- 紙の DM やハガキはネット通販でも有効。

# おわりに

最後までお読み頂き、ありがとうございます。

私は、製品の枠を超えて社長の「らしさ」「生き様」の世界観を商品に深く投影し、消費者の心に刺さるメッセージを発信することが、小さな会社でも唯一無二で、No.1の存在になれる方法だと信じています。

また、私の会社では「小売業の変革を通販で実現する」をビジョンに掲げ、価値を科学的に、ともにつくり上げることを追い続けています（これを「共創価値」と名づけました）。

私は、一部上場企業からベンチャー企業へと何度か職場を変えながらも、同じ通販業界で20年以上にわたり実務経験を重ね、現在はネット通販企業を支援する「通販コンサルタント&プロデューサー」として仕事に情熱を注いでいます。この業界全体の発展のために、私が培ってきたさまざまなノウハウを、少しでもみなさんに移譲したいと切に願っているのです。


本書が形になるのには、さまざまな方の助けが必要でした。

私がまだサラリーマンをしていた時代に、ダイレクトレスポンスマーケティング（ＤＲＭ）の教科書として著書を熟読したマーケッターの神田昌典先生には、主宰する「マーケティング白熱会議２０１７」への登壇オファーという形の「きっかけ」を頂きました。このオファーが、本書で紹介してきたさまざまなコンテンツを、より精査する第一歩となりました。

また、新社会人時代に私を鍛えて頂いたムトウ（現スクロール）の上司のみなさまには、通販ビジネスの世界で生きるのに欠かせなかった多様なノウハウを叩き込んでもらいました。そのうちの3名の方は残念ながらすでに他界されていますが、本書のノウハウのいくつかは、その方たちから教えて頂いたものを、時代の変化に合わせてアレンジしたものです。今回、書籍という形でそのDNAを世に残し、次世代の経営者に引き継ぐことで、私なりの恩返しができたのではないかと思っています。

私が主宰する「10億通販塾」や「10億通販実践道場」の塾生経営者のみなさまや、個別コンサル先のクライアントのみなさまには、事例紹介の快諾を頂きました。それらの事例を体系化することで、多くの読者の参考になるコンテンツが作成できたのではないかと思っています。

出版元の株式会社すばる舎には、本書の執筆の面でさまざまな助言を頂いたほか、出版プロデューサーのイー・プランニング須賀柾晶さまには出版の機会をつくって頂きました。

その他関係したすべてのみなさまに、厚く御礼を申し上げます。

最後に、本書が読者のみなさまにとって、小さな会社のネット通販ビジネスにおいての億超えルールとして「スタンダードな基準」となり、事業の2本目の柱や新規事業成功のロールモデルとして、少しでも日本経済の活性化に寄与することを期待しています。

２０１７年12月　西村公児

# 読者限定スペシャル特典のお知らせ

本書をご購入頂いた読者の方限定で、著者の西村先生のサイトから以下のスペシャル特典を無料でプレゼントします！

**本には書ききれなかった**

**UVP 構築の実例** ほか

紙幅の関係で紹介しきれなかった、実際の企業での実践事例などを紹介していますので、ぜひダウンロードしてみてください。

**http://luce-consulting.com/otoiawase/okukoe**

【ご注意】

・上記「読者限定スペシャル特典」は、インターネット接続環境のないお客さまへの提供は行っておりません。また、PDF データ等を開ける環境がないと利用できません。
・上記の「読者限定スペシャル特典」は、著者の西村公児先生が独自に提供するコンテンツです。本書の出版元である株式会社すばる舎は、その内容を関知しておりませんので、内容に関するお問い合わせ、サポート、保証等には対応できません。あらかじめご了承ください。
・上記の「読者限定スペシャル特典」に関するお問い合わせは、西村先生のウェブサイト上にあるお問い合せフォームからお願いします。
・上記の「読者限定スペシャル特典」は、事前の予告なく公開を終了する可能性があります。株式会社すばる舎は上記ウェブサイトのアドレス変更、公開中止等の場合でも、それを理由とした書籍の返品には応じられませんので、あらかじめご了承ください。

〈著者略歴〉 **西村 公児**（にしむら・こうじ）

**通販コンサルタント＆プロデューサー**
**株式会社ルーチェ 代表取締役社長**

◎——年商600億円の上場通信販売会社で、販売企画から債権回収までの業務を16年経験。その後、化粧品メーカーの中核メンバーとして5年間マーケティングに参画。通販実務を20年以上経験してきた。
◎——大手エステ系企業の通販ビジネスのサポートで売上200％アップ、ニュージーランドのシンボルフルーツ企業の販促支援でレスポンス率を2倍にアップ、某健康食品会社の事業開発および通販支援で新規会員数が2000名増加など、通販ビジネスと売れる商品開発のプロとして、誰もが知る有名企業のヒット商品誕生に多数関わる。
◎——売れる商品を発掘し、ヒット商品に変える独自メソッド「ダイレクト通販マーケティング理論®」を提唱。中小企業から中堅企業をメインに、企業に眠る“売れる商品”の発掘を数多くサポートしている。
◎——国内で注目のビジネスモデルや経営者に焦点を当てたテレビ番組「ビジネスフラッシュ」に出演。また、著書には本書のほか、ベストセラーとなった『伝説の通販バイブル』（日本経済新聞出版社）がある。

【株式会社ルーチェ】
〒104-0061　東京都中央区銀座8丁目17番5号
TEL：03-5860-6173
FAX：03-5860-6174
http://luce-consulting.com/

【小さな会社】ネット通販 億超えのルール

2017年12月18日　第1刷発行

著　者——西村 公児
発行者——徳留 慶太郎
発行所——株式会社すばる舎
〒170-0013　東京都豊島区東池袋3-9-7 東池袋織本ビル
TEL　03-3981-8651（代表）　03-3981-0767（営業部）
振替　00140-7-116563
URL　http://www.subarusya.jp/
装　丁——菊池 祐（ライラック）
企画・編集協力——須賀 柾晶（イー・プランニング）
印　刷——図書印刷株式会社


ISBN978-4-7991-0656-3